TRAINING Grundwissen
LATEIN

Elisabeth Metzger

Latein I/II im 1. Lernjahr

5./7. Klasse
Aufgaben mit Lösungen

STARK

Umschlagbild: Kuppel des Pantheon in Rom, Zeichnung von Palladio (1508–1580)

ISBN: 3-89449-711-4

Inhalt

Vorwort

Liebe Schülerin, lieber Schüler,

du hast **Latein** als erste oder zweite Fremdsprache gewählt. Ich finde es eine gute Wahl, denn mit Latein lernst Du nicht nur, **logisch zu denken,** sondern du hast auch die Möglichkeit, in der **deutschen Grammatik** fit zu werden. Denn in jedem lateinischen Satz musst du mit grammatikalischen Wendungen umgehen, die du auch im Deutschen beherrschen solltest. Im Lateinischen wirst du auch immer wieder Wörtern begegnen, die dir als **Fremdwörter** schon bekannt sind.

Dieses Buch soll dir beim **Lernen und Wiederholen** des Lernstoffs helfen. Der erste Teil des Buches behandelt den Stoff, den jeder Schüler im ersten Jahr Latein lernt, egal ob er in der 5. oder erst in der 7. Klasse mit Latein beginnt. Die älteren Schüler, die in der 7. Klasse beginnen, Latein zu lernen, können schon schneller vorgehen und behandeln deshalb im ersten Lernjahr Latein mehr Stoff. Diesen Zusatzstoff beinhaltet der zweite Teil des Buches.

Du findest in jedem Kapitel eine kurze **Erklärung** des neuen Grammatikstoffs und anschließend viele **Übungen** zu Verbformen, zur Kasuslehre und zum Übersetzen sowie **Übungsschulaufgaben** und kleine Tests zum Überprüfen deines Wissens. Zum leichteren Lernen des Wortschatzes stelle ich dir den **„Zettelkasten“** vor. Auf S. 195 findest du ein **Modell** zum Basteln mit Gebrauchsanweisung. Dies ist nun schon deine erste Aufgabe.

Das A und O im Lateinischen ist der **Wortschatz,** aber wenn du den Zettelkasten sorgfältig und vor allem regelmäßig führst und wiederholst, ist das kein Problem für dich.

Viel Spaß und viel Erfolg wünscht dir

Elisabeth Metzger

Grundstoff des ersten Lernjahrs Latein

Tempel auf dem Forum Romanum. Typisch für einen römischen Tempel ist die Fronttreppe.

1 Der lateinische Satz

Der Nominativ und der Akkusativ

Den Bau eines lateinischen Satzes erkennst du an den **Endungen** der Satzglieder. Das ist nicht schwer, denn jeder Fall hat seine eigene Endung, ebenso jede Person.
Du hast in der Schule schon vom Nominativ, dem **1. Fall,** und dem Akkusativ, dem **4. Fall,** im Folgenden abgekürzt Nom. und Akk., gehört:

Nominativ	1. Fall:	Die Frage beim Nominativ lautet **„wer oder was"** tut etwas?
Akkusativ	4. Fall:	Die Frage beim Akkusativ lautet **„wen oder was"** sehe ich, lobe ich … ?

Beispiele

Nominativ: serv**us**, domin**us**, domin**a**, fili**a**, fili**us**
Akkusativ: serv**um**, domin**um**, domin**am**, fili**am**, fili**um**

Die genannten Substantive haben alle die Nom. bzw. Akk. Singular-Endung (Singular: Einzahl, abgekürzt Sg.).
Wir können sie auch in den Plural setzen (Plural: Mehrzahl, abgekürzt Pl.).

Beispiele

Nom. Pl.: serv**i**, domin**i**, domin**ae**, fili**i**, fili**ae**
Akk. Pl.: serv**os**, domin**os**, domin**as**, fili**os**, fili**as**

Präge dir die Endungen genau ein!

Kasusendungen

	a-Deklination		o-Deklination	
	Singular	Plural	Singular	Plural
Nom.	-a	-ae	-us	-i
Akk.	-am	-as	-um	-os

Das Verb in der 3. Person Singular und Plural

Nun brauchen wir noch eine Verbform (Prädikat), dann können wir einen einfachen lateinischen Satz bauen.

Die Frage nach dem Verbum lautet **„was wird getan?“**

Endung für die 3. Person Singular: **-t**	er, sie, es (tut etwas)
Endung für die 3. Person Plural: **-nt**	sie (tun etwas)

Beispiele

voca-**t**	er, sie, es ruft	voca-**nt**	sie rufen
lauda-**t**	er, sie, es lobt	lauda-**nt**	sie loben
mone-**t**	er, sie, es mahnt	mone-**nt**	sie mahnen
es-**t**	er, sie, es ist	su-**nt**	sie sind

Nun setzen wir die Substantive und das Verb zu einem vollständigen Satz zusammen:

Beispiele

Domina filiam exspectat.

exspecta**t**: er, sie, es erwartet = Prädikat
Domin**a**: **Nom.**: wer erwartet? = Subjekt
fili**am**: **Akk.**: wen erwartet sie? = Objekt

Die Herrin erwartet die Tochter.

Filia dominam exspectat.

exspecta**t**: er, sie, es erwartet = Prädikat
Fili**a**: **Nom.**: wer erwartet? = Subjekt
domin**am**: **Akk.**: wen erwartet sie? = Objekt

Die Tochter erwartet die Herrin.

Du siehst an den beiden kleinen Sätzen, welche entscheidende Rolle die Endung spielt. Sie weist dem Wort die Stelle im Satz zu.

Die Substantive bezeichnen das **Subjekt** („wer oder was?“) und das **Objekt** („wen oder was?“) einer Handlung.
Das Verbum bringt die Handlung in den Satz: **Prädikat** (Satzaussage).

Übung 1 Bestimme anhand der Endungen die Satzteile und übersetze!

Dominus servum vocat.

vocat: er, sie, es ruft

dominus: Nom.: wer ruft?

servum: Akk.: wen ruft er?

Übersetzung: Der Herr ruft den Sklaven.

a) Dominus servam laudat.

laudat: loben

dominus: Hausherr

servam: Sklaven

Übersetzung: der Hausherr lobt die Sklavin

b) Serva servum monet.

monet:

serva:

servum:

Übersetzung: Die Sklavin mahnt den Sklaven

c) Lydia serva est. esse

est: er, sie, es ist

Lydia: Nom. wer ist?

serva: Akk.: wen oder was?

Übersetzung: Lydia ist eine Sklavin

d) Lydia et Claudius servi sunt.

sunt: sie sind

Lydia et Claudius: Nominativ wer oder was?

servi: ______________________________

Übersetzung: Lydia und Claudius sind Sklaven

e) Claudius servus est.

est: ______________________________

Claudius: ______________________________

servus: ______________________________

Übersetzung: Claudius ist ein Sklave

f) Dominus et domina servas laudant.

laudant: ______________________________

dominus et domina: ______________________________

servas: ______________________________

Übersetzung: ______________________________

g) Servus dominam salutat.

salutat: ______________________________

servus: ______________________________

dominam: ______________________________

Übersetzung: Der Sklave begrüßt die Herrin

Übung 2 Jetzt kannst du einfache Sätze direkt übersetzen:

a) Dominus filiam vocat. Der Herr ruft die Tochter

b) Dominus dominam vocat. " " die Herrin

c) Domina dominum vocat. Die Herrin " den Herrn

d) Domina servam vocat. Die " " die Sklavin

e) Dominae servos monent. Die Herrinnen mahnen die Sklaven

f) Pater filios laudat. Der Vater lobt die Söhne

g) Italia insula est.

h) Gallia et Germania terrae sunt.

i) Mater filias monet. Die Mutter mahnt die Töchter

X j) Paulus amicos rogat. Paulus fragt die Freunde

X k) Amici Paulum rogant. Die Freunde fragen Paulus

l) Amica cenat. Die Freundin speist

m) Magister tabulam monstrat. Der Lehrer zeigt die Tafel

Unterrichtsszene: Der bärtige Lehrer in der Mitte des Bildes begrüßt einen eintretenden Schüler. Zwei weitere Schüler studieren Papyrusrollen. Solchen Unterricht genossen allerdings nur die Kinder reicher Römer. Für die meisten Schüler lief der Unterricht weniger idyllisch ab: Er fand am Straßenrand oder in Bretterbuden statt und die Lehrer griffen oft zum Prügelstock.
Relief, Neumagen, 2. Jh. n. Chr.

X n) Servi dominum timent. Die Diener fürchten den Herrn

o) Magister puellas monet, puellae tacent.

p) Filiae rident.

2 Die a- und e-Konjugation und die a- und o-Deklination

Die a- und e-Konjugation

Du hast sicher schon bemerkt, dass die **Verbstämme** teilweise auf **a-**, teilweise auf **e-** auslauten. Sie gehören entweder der a-Konjugation oder der e-Konjugation an.

Beispiele

lauda- t a-Konjugation
mone- t e-Konjugation

Die a-Konjugation

Stamm	3. Person Singular		3. Person Plural	
lauda-	lauda-**t**	er, sie, es lobt	lauda-**nt**	sie loben
narra-	narra-**t**	er, sie, es erzählt	narra-**nt**	sie erzählen
para-	para-**t**	er, sie, es bereitet	para-**nt**	sie bereiten
capta-	capta-**t**	er, sie, es fängt	capta-**nt**	sie fangen
monstra-	monstra-**t**	er, sie, es zeigt	monstra-**nt**	sie zeigen

Die e-Konjugation

Stamm	3. Person Singular		3. Person Plural	
mone-	mone-**t**	er, sie, es mahnt	mone-**nt**	sie mahnen
time-	time-**t**	er, sie, es fürchtet	time-**nt**	sie fürchten
tace-	tace-**t**	er, sie, es schweigt	tace-**nt**	sie schweigen
debe-	debe-**t**	er, sie, es schuldet	debe-**nt**	sie schulden
ride-	ride-**t**	er, sie, es lacht	ride-**nt**	sie lachen

Du musst wissen, zu welcher Konjugation ein Verb gehört, damit du alle Formen erkennen und selbst bilden kannst. Merke dir deshalb gut, dass man am Präsensstamm erkennt, zu welcher Konjugation ein Verb gehört.

Die a- und o-Deklination

Auch bei den **Substantiven** gibt es zwei Gruppen: Die Substantiva der a-Deklination enden auf -a, die Substantiva der o-Deklination auf -us – ursprünglich auf -o (dominus: ursprünglich dominos).

Die a-Deklination

	Singular	Plural
Nom.	domin-**a** serv-**a** mens-**a** insul-**a** amic-**a** cen-**a**	domin-**ae** serv-**ae** mens-**ae** insul-**ae** amic-**ae** cen-**ae**
Akk.	domin-**am** serv-**am** mens-**am** insul-**am** amic-**am** cen-**am**	domin-**as** serv-**as** mens-**as** insul-**as** amic-**as** cen-**as**

Die o-Deklination

	Singular	Plural
Nom.	domin-**us** serv-**us** ocul-**us** vic-**us** ann-**us** cib-**us**	domin-**i** serv-**i** ocul-**i** vic-**i** ann-**i** cib-**i**
Akk.	domin-**um** serv-**um** ocul-**um** vic-**um** ann-**um** cib-**um**	domin-**os** serv-**os** ocul-**os** vic-**os** ann-**os** cib-**os**

Übung 3 Silbenrätsel: Verbinde folgende Wortstämme mit den passenden Endungen!

Stämme:
appropinqua-, aqu-, camp-, cena-, clama-, domin-, domin-, es-, hort-, lud-, mone-, puell-, su-, voca-

Endungen:
-a, -ae, -as,-nt, -nt, -nt, -os, -os, -t, -t, -t, -t, -us, -us

a) wen: die Wasser aquas
b) wer: die Herrin domina
c) wen: die Herren dominas
d) er, sie, es ruft laut clamat
e) er, sie, es ruft vocat
f) sie mahnen monent
g) er, sie, es ist est
h) sie sind sunt
i) wer: der Garten
j) er, sie, es nähert sich apropinquat appropinquat
k) wer: das Feld campus
l) wer: die Mädchen puellae
m) wen: die Spiele ludos
n) sie speisen cenant

Die Römer pflegten sich bei Tisch aus gemeinsamen Schüsseln selbst zu bedienen. Alles war in mundgerechte Stückchen geschnitten. Tischbestecke waren weitgehend unbekannt. Geschirr, um 20 n. Chr.

3 Der Dativ

Nun erweitern wir den Satz um den **3. Fall,** den Dativ (abgekürzt Dat.).

Dativ 3. Fall: Die Frage beim Dativ lautet: **„wem“** gebe ich, „wem“ zeige ich, „wem“ gehört …?

Beispiele

Dat. Sg.: serv**o**, domin**o**, domin**ae**, fili**o**, fili**ae**
Dat. Pl.: serv**is**, domin**is**, domin**is**, fili**is**, fili**is**

Kasusendungen

	a-Deklination		o-Deklination	
	Singular	Plural	Singular	Plural
Nom.	-a	-ae	-us	-i
Dat.	**-ae**	**-is**	**-o**	**-is**
Akk.	-am	-as	-um	-os

Beispiele

Servus dominae convivam nuntiat.
nunti**at**: er, sie, es meldet
serv**us**: Nom.: wer meldet?
domin**ae**: **Dat.**: wem meldet er?
conviv**am**: Akk.: wen meldet er?
Übersetzung: Der Sklave meldet dem Herrn den Gast.

Domina servis pecuniam donat.
dona**t**: er, sie, es schenkt
domin**a**: Nom.: wer schenkt?
serv**is**: **Dat.**: wem schenkt sie?
pecuni**am**: Akk.: wen schenkt sie?
Übersetzung: Die Herrin schenkt den Dienern Geld.

Dominus servo terram mandat.
manda**t**: er, sie, es überträgt
domin**us**: Nom.: wer überträgt?
serv**o**: **Dat.**: wem überträgt er?

terram: Akk.: wen überträgt er?
Übersetzung: Der Herr überträgt dem Diener das Land.

Puella amicis hortum monstrat.
monstrat: er, sie, es zeigt
puella: Nom.: wer zeigt?
amicis: **Dat.**: wem zeigt es?
hortum: Akk.: wen zeigt es?
Übersetzung: Das Mädchen zeigt den Freunden den Garten.

Übung 4 Übersetze folgende Sätze!

a) Servae convivis cenam parant.
Die Sklavinnen bereiten den Gästen das Mahl

b) Avus puellis fabulam recitat.
Der Großvater liest den Mädchen eine Geschichte vor.

c) Paulus amico gratiam debet.
Paulus schuldet dem Freund Dank

d) Amici villae appropinquant.
Die Freunde nähern sich dem Landhaus

e) Serva dominae convivas nuntiat.
Die Dienerin meldet der Herrin die Gäste

f) Dominus servis pecuniam donat.
Der Herr schenkt den Sklaven Geld

g) Pater filio fabulam explicat.
Der Vater erklärt dem Sohn die Geschichte

h) Italia convivis placet.
Italien gefällt den Gästen

4 Indikativ und Infinitiv Präsens

Die 1. und 2. Person Singular und Plural

Bisher haben wir beim Verbum nur die 3. Person benützt, nun ergänzen wir die 1. und 2. Person Singular und Plural.

Personalendungen

	Singular		Plural	
1. Person	**-o**	ich (tue etwas)	**-mus**	wir (tun etwas)
2. Person	**-s**	du (tust etwas)	**-tis**	ihr (tut etwas)
3. Person	-t	er, sie, es (tut etwas)	-nt	sie (tun etwas)

Eine Besonderheit der a-Konjugation ist, dass das -o in der 1. Person Singular das -a- des Stammes verschluckt: statt dona-o heißt es don-**o**.

Beispiele

don-**o**	ich schenke	dona-**mus**	wir schenken
dona-**s**	du schenkst	dona-**tis**	ihr schenkt
habe-**o**	ich habe	habe-**mus**	wir haben
habe-**s**	du hast	habe-**tis**	ihr habt

Jetzt kennst du alle Personalendungen des Präsens Aktiv. Lerne sie auswendig!

Die **Personalendungen** sind im Präsens Aktiv für alle Personen gleich, nämlich
-o, -s, -t, -mus, -tis, -nt.

Beispiele

nunti-**o**	1. Pers. Sg.	ich melde
ride-**s**	2. Pers. Sg.	du lachst
narra-**t**	3. Pers. Sg.	er, sie, es erzählt
debe-**mus**	1. Pers. Pl.	wir müssen
appropinqua-**tis**	2. Pers. Pl.	ihr nähert euch
lauda-**nt**	3. Pers. Pl.	sie loben

Jetzt kannst du bereits den Indikativ Präsens konjugieren!

Indikativ Präsens

a-Konjugation		e-Konjugation	
laud-**o**	ich lobe	mone-**o**	ich mahne
lauda-**s**	du lobst	mone-**s**	du mahnst
lauda-**t**	er, sie, es lobt	mone-**t**	er, sie, es mahnt
lauda-**mus**	wir loben	mone-**mus**	wir mahnen
lauda-**tis**	ihr lobt	mone-**tis**	ihr mahnt
lauda-**nt**	sie loben	mone-**nt**	sie mahnen

Der Infinitiv

Die **Grundform** des Verbs heißt Infinitiv. Dieser Begriff leitet sich vom lateinischen infinitum (unbestimmt) her, da der Infinitiv keine Person bestimmt. Um den Infinitiv Präsens Aktiv zu bilden, brauchst du den Präsensstamm des Verbs. An diesen Stamm hängst du die Infinitivendung **-re** an.

Infinitiv Präsens Aktiv: Präsensstamm + Infinitivendung **-re** lauda-re

Beispiele

Stamm: time-
Infinitiv: time**re** (fürchten)

Stamm: manda-
Infinitiv: manda**re** (beauftragen, übertragen)

Das Verb „esse“

Das kleine Wörtchen „esse“ (sein) hat es in sich. Die Personalendung tritt einmal an den Stamm **su-** und einmal an den Stamm **es-**.

Indikativ Präsens von esse

su-m	ich bin
e-s	du bist
es-t	er, sie, es ist
su-mus	wir sind
es-tis	ihr seid
su-nt	sie sind

Der **Infinitiv Präsens Aktiv** des Verbs esse besteht aus dem Stamm es- und der Infinitivendung. Das -r- der Endung wurde jedoch zu -s- „assimiliert“, d. h. angeglichen, daher heißt der Infinitiv nicht es-re, sondern es-**se**.

Übung 5 Übersetze die folgenden Formen!
Achte dabei ganz genau auf die Endung!

a) laudo ich lobe
b) explicamus wir erklären
c) es du bist.
d) liberant sie befreien
e) ridetis ihr lacht
f) sum ich bin
g) monet er fordert auf
h) delet er zerstört
i) habemus wir haben
j) timeo ich fürchte
k) estis ihr seid
l) pares du gehorchst
m) tacent sie schweigen
n) imperat er befiehlt
o) sunt sie sind
p) nuntio ich melde
q) debet er/sie/es muss
r) parare bereiten
s) desidero ______
t) sumus wir sind
u) liberas du befreist

5 Der Genitiv

Nun erweitern wir den Satz um den **2. Fall,** den Genitiv.

Genitiv 2. Fall: Die Frage beim Genitiv lautet: **„wessen?"**

Beispiele

Gen. Sg.: servi, domini, dominae, filii, filiae
Gen. Pl.: servorum, dominorum, dominarum, filiorum, filiarum

Kasusendungen

	a-Deklination		o-Deklination	
	Singular	Plural	Singular	Plural
Nom.	-a	-ae	-us	-i
Gen.	**-ae**	**-arum**	**-i**	**-orum**
Dat.	-ae	-is	-o	-is
Akk.	-am	-as	-um	-os

Beispiele

Agricola terram amici arat.
- arat: er, sie, es pflügt
- agricola: Nom.: wer pflügt?
- terram: Akk.: wen pflügt er?
- amici: **Gen.**: wessen Land?

Der Bauer pflügt das Land des Freundes.

Claudia amicam domini exspectat.
- exspectat: er, sie, es erwartet
- Claudia: Nom.: wer erwartet?
- amicam: Akk.: wen erwartet sie?
- domini: **Gen.**: wessen Freundin?

Claudia erwartet die Freundin des Herrn.

Servae hortum dominae ornant.
- ornant: sie schmücken
- servae: Nom. Pl.: wer schmückt?
- hortum: Akk.: wen schmücken sie?

dominae: Gen.: wessen Garten?

Die Dienerinnen schmücken den Garten der Herrin.

Avus pecuniam domini servo mandat.

mandat: er, sie, es vertraut an

avus: Nom.: wer vertraut an?

pecuniam: Akk.: wen vertraut er an?

domini: Gen.: wessen Geld?

servo: Dat.: wem vertraut er an?

Der Großvater vertraut das Geld des Herrn dem Diener an.

Übung 6 Hier findest du eine Reihe von Stämmen, die der a-Deklination, o-Deklination, a-Konjugation und e-Konjugation angehören.
Ordne dem Stamm die richtige Endung zu!

Stämme:
amic-, av-, cib-, cur-, delecta-, domin-, domin-, domin-, domin-, equ-, fili-, fili-, hort-, lauda-, lud-, mone-, nuntia-, ocul-, orna-, patri-, port-, puell-, ride-, terr-, terr-, terr-

Endungen:
-ae, -ae, -ae, -ae, -ae, -ae, -am, -as, -arum, -arum, -um, -i, -i, -i, -is, -is, -is, -o, -o, -o, -mus, -nt, -nt, -t, -tis, -tis

a) er lobt laudat
b) wessen: der Herrin dominae
c) wessen: des Herrn domini
d) wer: die Herrinnen dominae
e) wem: der Herrin dominae
f) wem: dem Großvater avo
g) sie mahnen monent
h) wir melden nuntiamus
i) ihr schmückt ______
j) wem: dem Garten ______
k) wen: die Heimat patriam

l) wen: das Spiel ludum

m) sie erfreuen

n) ich trage

o) ihr lacht ridetis

p) wen: die Töchter filias

q) wem: den Söhnen filiis

r) wessen: der Freundinnen amicarum

s) wem: den Pferden equis

t) wer: die Länder terrae

u) wessen: des Landes terrae

v) wem: dem Land terrae

w) wessen: der Sorgen

x) wer: die Augen

y) wem: den Mädchen puellis

z) wer: die Speisen

Eine Abendgesellschaft im Haus des Lucius Ceius Secundus in Pompeji. Die Römer pflegten bei Tisch zu liegen. In der Kaiserzeit (ab dem 1. Jh. n. Chr.) bürgerte sich bei den wohlhabenden Römern als Abendessen (cena) ein Dreigänge-Menü ein. Bei einem Gastmahl (convivium) fiel der Hauptgang oft üppig aus.

6 Der Vokativ

Jetzt kommen wir zu einem besonderen lateinischen Fall: dem **5. Fall** oder Vokativ (abgekürzt Vok.). Der Begriff ist abgeleitet von vocare (rufen), weil der Vokativ beim Anrufen oder der Anrede von Personen verwendet wird.

Vokativ 5. Fall: Der Vokativ kennzeichnet die **Anrede einer Person.** Er hat **nur im Singular der o-Deklination** eine eigene Endung: **-e**.
Im Plural der o-Deklination und in allen anderen Deklinationen entspricht der Vokativ dem Nominativ.

Beispiele

Vok. Sg.: serv**e**, domin**e**, domina, filia, fil**i** (das -e ist hier weggefallen)
Vok. Pl.: servi, domini, dominae, filiae, filii

Kasusendungen

	a-Deklination		o-Deklination	
	Singular	Plural	Singular	Plural
Nom.	-a	-ae	-us	-i
Gen.	-ae	-arum	-i	-orum
Dat.	-ae	-is	-o	-is
Akk.	-am	-as	-um	-os
Vok.	-a	-ae	**-e**	-i

Beispiel

Claudia clamat: „Ubi es, Marc**e**?"
Claudia ruft: „Wo bist du, Markus?"

„In horto sum, Claudia!"
„Ich bin im Garten, Claudia!"

Weil der Vokativ bei den übrigen Deklinationen immer identisch mit dem Nominativ ist, lassen wir ihn in den Deklinationstabellen weg.
Merke dir aber die besondere Endung des Vokativs im Singular der o-Deklination gut! Später wird uns die Endung -e nämlich noch in einem anderen Fall begegnen.

7 Der Ablativ

Als letzten bzw. **6. Fall** lernst du den Ablativ (abgekürzt Abl.). Merke dir gut, wie man einen Ablativ abfragt!

Ablativ 6. Fall: Die Frage beim Ablativ lautet: **„womit?", „wovon?", „wodurch?"**

Beispiele

Abl. Sg.: serv**o**, domin**o**, domin**a**, fili**a**, fili**o**
Abl. Pl.: serv**is**, domin**is**, domin**is**, fili**is**, fili**is**

Kasusendungen

	a-Deklination		o-Deklination	
	Singular	Plural	Singular	Plural
Nom.	-a	-ae	-us	-i
Gen.	-ae	-arum	-i	-orum
Dat.	-ae	-is	-o	-is
Akk.	-am	-as	-um	-os
Vok.	-a	-ae	-e	-i
Abl.	**-a**	**-is**	**-o**	**-is**

Beispiele

Piratae insulas et vicos Graecorum armis vexant.
vexa**nt**: sie verwüsten
pirat**ae**: Nom.: wer verwüstet?
insul**as** et vic**os**: Akk.: wen verwüsten sie?
Graec**orum**: Gen.: wessen Inseln und Dörfer?
arm**is**: **Abl.**: womit verwüsten sie?
Die Seeräuber verwüsten die Inseln und Dörfer der Griechen mit Waffen.

Mater amicos liberorum fabula delectat.
delect**at**: er, sie, es erfreut
mater: Nom.: wer erfreut?
amic**os**: Akk.: wen erfreut sie?
liber**orum**: Gen.: wessen Freunde?
fabul**a**: **Abl.**: womit erfreut sie?
Die Mutter erfreut die Freunde ihrer Kinder mit einer Geschichte.

Avus filium pecunia curis liberat.

liberat: er, sie, es befreit
avus: Nom.: wer befreit?
filium: Akk.: wen befreit er?
pecunia: **Abl.**: womit befreit er?
curis: **Abl.**: wovon befreit er?

Der Großvater befreit den Sohn mit Geld von seinen Sorgen.

Servae et filiae statuam Dianae gladio ornant.

ornant: sie schmücken
servae et filiae: Nom.: wer schmückt?
statuam: Akk.: wen schmücken sie?
Dianae: Gen.: wessen Standbild?
gladio: **Abl.**: womit schmücken sie?

Die Dienerinnen und Töchter schmücken das Standbild Dianas mit einem Schwert.

Übung 7 Übersetze folgenden Text und unterstreiche die vorkommenden Ablative!

a) Die Herrin befiehlt der Dienerin: Du befreist die Jungen und Mädchen mit Märchen von Sorgen! Denn Märchen erfreuen immer die Herzen der Kinder.

____

____

b) Mit Sorgen erwerben wir uns in der Schule Weisheit.

____

c) Die Piraten nähern sich der Insel.

____

d) Sie zerstören die Bauernhöfe der Einwohner durch Flammen. Die Männer töten sie mit den Schwertern, aber die Mädchen und Frauen nennen sie ihre Sklavinnen (Akk.).

____

____

____

e) Der Großvater ist nicht hier (hic), er besucht einen Freund.

f) Schon lange erwarten wir den Großvater.

g) Er nähert sich dem Garten und der Villa nicht.

h) Plötzlich schreit ein Sklave: „Der Großvater eilt herbei!“

i) Die Sklavin befreit uns mit ihren Worten von den Sorgen.

j) Der Sklave unterrichtet die Schüler mit Sorgfalt.

Jetzt anders herum: Übersetze vom Lateinischen ins Deutsche!

k) Romani hortos et villas saepe statuis ornant.

l) Dominus servos saepe pecunia donat, quia diligentia villam curant.

m) Romani: „Avus naso clamat.“ et: „Magis naso quam oculis videtis.“

n) Liberatis nos curis, dei!

8 Die Substantive auf -r und auf -um der o-Deklination

Die Substantive auf -r der o-Deklination

Bisher hast du die Substantive auf -us der o-Deklination kennen gelernt, z. B. dominus. Nun gibt es im Lateinischen auch Substantive mit anderen Endungen, die aber zur o-Deklination gehören. Dazu zählen die Substantive auf -r, die wie die Substantive auf -us **maskulin** (männlich) sind und abgesehen vom Vokativ genau wie diese dekliniert werden.

Beispiele

puer, pueri der Knabe	magister, magistri der Lehrer	minister, ministri der Diener
faber, fabri der Handwerker	vir, viri der Mann	ager, agri der Acker, das Feld

Substantive auf -r

	Singular	Plural
Nom.	puer	puer-**i**
Gen.	puer-**i**	puer-**orum**
Dat.	puer-**o**	puer-**is**
Akk.	puer-**um**	puer-**os**
Vok.	puer	puer-**i**
Abl.	puer-**o**	puer-**is**

Vergleiche dazu nochmals das Deklinationsschema von dominus:

Substantive auf -us

	Singular	Plural
Nom.	dominus	domin-**i**
Gen.	domin-**i**	domin-**orum**
Dat.	domin-**o**	domin-**is**
Akk.	domin-**um**	domin-**os**
Vok.	domin-**e**	domin-**i**
Abl.	domin-**o**	domin-**is**

Später wirst du noch andere Substantive mit der Nominativendung -er kennen lernen, die aber zu einer anderen Deklination gehören, also andere Endungen haben. Damit du genau weißt, zu welcher Deklination ein Substantiv gehört, schreibe auf deinen Vokabelkärtchen immer die Genitivendung hinter den Nominativ und lerne sie mit!

Die Substantive auf -um der o-Deklination

Auch die Substantive auf -um gehören zur o-Deklination, sind vom Geschlecht her aber **Neutra** (sächlich). Bei den Neutra musst du beachten, dass jeweils der Nominativ und Akkusativ im Singular und Plural die gleiche Endung haben.

Für die **Neutra** aller Deklinationen gilt: **Nominativ und Akkusativ** Singular bzw. Plural haben die **gleiche Endung.**

Schau dir das am folgenden Deklinationsschema an!

Substantive auf -um (Neutra)

	Singular	Plural
Nom.	templ-**um**	templ-**a**
Gen.	templ-i	templ-orum
Dat.	templ-o	templ-is
Akk.	templ-**um**	templ-**a**
Abl.	templ-o	templ-is

Aus der deutschen Grammatik ist dir schon bekannt, dass die Substantive in drei Geschlechter aufgeteilt sind, nämlich:

weiblich **feminin**
männlich **maskulin**
sächlich **neutrum**

Die drei Geschlechter finden wir auch in der lateinischen Sprache wieder. Erkennen kannst du das Geschlecht an der Nominativ-Singular-Endung.

Alle Substantive der **a-Deklination** sind **feminin.**
Die Substantive der **o-Deklination** auf **-us** sind **maskulin,**
die Substantive der **o-Deklination** auf **-um** sind **neutrum.**

Übung 8 Silbenrätsel: Verbinde folgende Wortstämme mit den richtigen Endungen!

Stämme:
agr-, de-, domin-, don-, hort-, hort-, mens-, puer-, theatr-

Endungen:
-a, -ae, -am, -i, -is, -o, -o, -orum, -us

a) wer: der Garten ______________________

b) wessen: des Gartens ______________________

c) wem: dem Knaben ______________________

d) wessen: der Götter ______________________

e) wem: den Äckern ______________________

f) wem: der Herrin ______________________

g) wer: die Geschenke ______________________

h) wem: dem Theater ______________________

i) wen: den Tisch ______________________

Statue einer wohlhabenden Frau nach einem altgriechischen Original. Die Frau trägt einen elegant drapierten Mantel (palla), ein rechteckiges Wolltuch, das um den Körper geschlungen wurde.
1. oder 2. Jh. n. Chr., Rom, Vatikanische Museen.

Übung 9 Notiere jeweils das Geschlecht der folgenden Substantive und dekliniere sie!

	Singular	Plural
Nom.	donum (n.)	don-a
Gen.	don-i	don-orum
Dat.	don-o	don-is
Akk.	don-um	don-a
Abl.	don-o	don-is

	Singular	Plural
Nom.	hortus	
Gen.		
Dat.		
Akk.		
Abl.		

Singular	Plural
mensa	

	Singular	Plural
Nom.	villa	
Gen.		
Dat.		
Akk.		
Abl.		

Singular	Plural
templum	

Tempel auf dem Forum Boarium, dem römischen Marktplatz in der Nähe des Tibers, auf dem der Viehhandel stattfand.
Der rechteckige Tempel, erbaut 70 v. Chr., war wahrscheinlich dem römischen Hafengott Portunus geweiht. Wesentliche Merkmale der römischen Tempel sind die Säulenvorhalle vor dem Tempelinnenraum (cella), die Freitreppe, die von vorne auf die Frontseite des Tempels zuläuft, und die geschlossene Rückseite des Tempels. Neben der Rechteckform gab es auch Rundbauten.

	Singular	Plural
Nom.	theatrum	
Gen.		
Dat.		
Akk.		
Abl.		

Singular	Plural
deus	

	Singular	Plural	Singular	Plural
Nom.	ager		puer	
Gen.				
Dat.				
Akk.				
Abl.				

	Singular	Plural	Singular	Plural
Nom.	domina		dominus	
Gen.				
Dat.				
Akk.				
Abl.				

Übung 10 Bestimme bei folgenden Substantiven Kasus (Fall) und Numerus (Zahl)!

hortum: Akk. Sg.

a) templum: ____________ h) templa: ____________

b) agrorum: ____________ i) campi: ____________

c) pueri: ____________ j) convivis: ____________

d) theatro: ____________ k) equum: ____________

Römischer Reiter mit Speer und Schild. Die römischen Bürger mussten im Kriegsfall in der Frühzeit selbst für ihre Ausrüstung aufkommen. Die reicheren Bürger, die sich ein Pferd leisten konnten, wurden als Ritter (equites) bezeichnet. Der Begriff „Ritter“ wurde dann zur Standesbezeichnung.
Relief auf dem Forum Romanum.

e) domina: ____________ l) liberi: ____________

f) dominis: ____________ m) sententia: ____________

g) deos: ____________

9 Das Fragepronomen

Fragepronomen leiten einen Fragesatz ein, an dessen Ende ein Fragezeichen steht. Im Deutschen beginnen diese **Fragewörter** meist mit dem Buchstaben w (wer? was? wann? warum?), im Lateinischen mit **qu** oder mit **c** (ursprünglich auch qu).
Merke dir die folgenden wichtigen lateinischen Fragewörter:

Fragepronomen	
quis?	wer?
quid?	was?
cui?	wem?
quem?	wen?
cur?	warum?

Beispiele

Quis avum visitat?
Wer besucht den Großvater?

Cur non es in schola?
Warum bist du nicht in der Schule?

Das Fragewort kann im Lateinischen (wie im Deutschen) als Subjekt oder als Objekt gebraucht werden.

Beispiele

Quis appropinquat?
Quis: Subjekt
Wer nähert sich?

Quem exspectas?
Quem: Akkusativobjekt
Wen erwartest du?

Fragesätze, die mit einem Fragepronomen (also einem Fragewort) wie quis, quid oder cur eingeleitet sind, nennt man **Wortfragen.**

Übung 11 Fülle die Lücken mit dem passenden Fragewort und übersetze Frage und Antwort!

a) ______________ appropinquat? Avus appropinquat!

____

b) ______________ exspectas? Avum exspecto!

____

c) ______________ me rogas? Ubi est mater?

____

d) ______________ fabulam narrat? Serva fabulam narrat.

____

e) ______________ rides? Quia te specto.

____

f) ______________ te delectat? Circus me delectat.

____

Bevor das große Amphitheater in Rom, das Kolosseum, erbaut war, fanden die Kämpfe zwischen Gladiatoren und wilden Tieren im Zirkus, dem Veranstaltungsort der Wagenrennen, statt. Die sieben großen Steine bedeuten, dass die Wagen bereits sieben Runden gefahren sind.
Relief, 1. Jh., Rom, Thermenmuseum.

10 Ne – nonne – num

Im Lateinischen gibt es die Wortfrage und die Satzfrage. Mit Wortfrage ist ein Fragesatz gemeint, der mit einem Fragewort wie quis, quid oder cur eingeleitet ist. Die Satzfrage erkennt man an den Signalen „-ne“, „nonne“ und „num“.

Signale der Satzfrage		
...-ne ... ?	... ?	-ne wird gewöhnlich an das erste Wort im Satz angehängt.
Nonne ... ?	... nicht ... ?	Nonne steht selbstständig am Anfang des Satzes.
Num ... ?	... etwa ... ?	Num steht wie nonne selbstständig am Anfang des Satzes.

Beispiele

Es**ne** Lucia, filia dominae?
Bist du Lucia, die Tochter der Herrin?

Nonne aviam exspectas?
Erwartest du nicht die Großmutter?

Num puerum ridetis?
Lacht ihr etwa den Knaben aus?

Du siehst, dass jedes Fragesignal zeigt, welche Antwort der Fragende erwartet: ein „doch“, also eine bejahende Antwort bei nonne, eine verneinende Antwort bei num und eine bejahende oder verneinende Antwort bei -ne.

Überlege, wie das lateinische Signal bei folgenden Satzfragen lauten muss:

1) Gehst du heute mit mir in den Zirkus?
2) Hast du etwa Angst vor deinem Hund?
3) Liebst du denn nicht deine Eltern?

Im Beispielsatz 1) ist die erwartete Antwort unbestimmt. Sie lautet entweder **ja oder nein.** Also ist das Fragesignal ein an das erste Wort angehängtes **-ne.**
Im Beispielsatz 2) ist die erwartete Antwort: **Nein.** Ich habe keine Angst vor meinem Hund. Also **num.**
Im Beispielsatz 3) lautet die erwartete Antwort: **Doch.** Natürlich liebe ich meine Eltern. Also **nonne.**

Übung 12 Übersetze folgende Sätze!

a) Erfreut euch der Zirkus?

b) Liebst du etwa die Ferien nicht mehr als die Schule?

c) Fürchtet ihr etwa den Vater?

d) Warum lachst du?

e) Wer besucht dich?

f) Ermahnt ihr die Sklaven?

g) Geht ihr spazieren?

h) Wer ist Markus?

i) Liebst du nicht Geschenke?

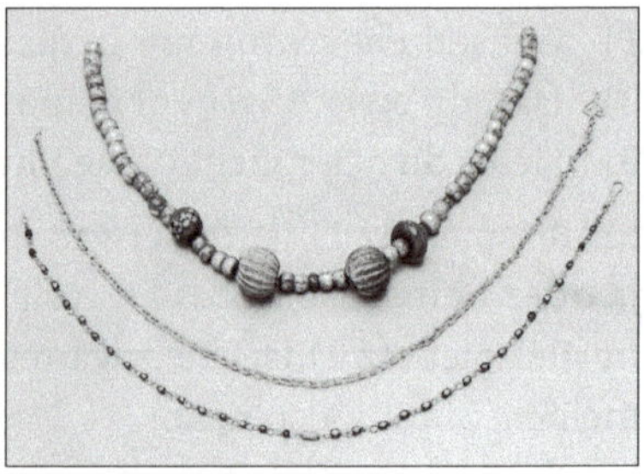

Die Römer beschenkten einander zu persönlichen Anlässen, vor allem zum Geburtstag, und an Festtagen wie z. B. dem Neujahrsfest. Luxusgegenstände wie Schmuck waren als Geschenke sehr beliebt. Römische Halsketten aus dem 1. bis 3. Jh. n. Chr.

11 Der Imperativ

Im Deutschen heißt der Imperativ **Befehlsform.** Die Bezeichnung Imperativ kommt von dem lateinischen Verb imperare (befehlen).

Wenn du dir die folgenden Beispiele genau ansiehst, kannst du dir sicher erklären, wie der Imperativ im Lateinischen gebildet wird.

Beispiele

lobe!	lauda!	mahne!	mone!	sei!	es!
lobt!	lauda**te**!	mahnt!	mone**te**!	seid!	es**te**!

Richtig: Du nimmst den Präsensstamm des Verbs und hast damit schon den Imperativ im Singular, z. B. lauda! (lobe!).
Für den Imperativ im Plural hängst du an den Stamm die Endung **-te** an, z. B. lauda-**te**! (lobt!).

Imperativ	
Singular	Plural
Präsensstamm lauda! lobe!	**Präsensstamm + -te** lauda-te! lobt!

Zur Erinnerung: Wenn der Präsensstamm auf -a- endet, handelt es sich um ein Verb der a-Konjugation, endet er auf -e-, gehört er zu einem Verb der e-Konjugation. Durch Anhängen der verschiedenen Endungen an den Präsensstamm bildest du alle dir bisher bekannten Verbformen.

Beispiele

Infinitiv: portare
Präsensstamm: **porta-**
Imperativ Plural: **porta-te!**

Infinitiv: parere
Stamm: **pare-**
Imperativ Plural: **pare-te!**

Übung 13 Bilde den Imperativ von folgenden Verben im Singular und Plural und übersetze!

Infinitiv	Imperativ Sg.	Übersetzung	Imperativ Pl.	Übersetzung
tacere	tace!	schweige!	tacete!	schweigt!
monere				
vituperare				
ridere				
donare				
exspectare				
desiderare				
curare				
laborare				

Zwei Sklaven bei der Arbeit an einer Presse für Öl oder Wein. Ein Großteil der römischen Sklaven war in der Landwirtschaft eingesetzt. Die meisten römischen Adelsfamilien besaßen große Landgüter, die von Sklaven bewirtschaftet wurden. Aufsicht führte ein meist ebenfalls unfreier Verwalter (vilicus), der oft mit Brutalität auf eiserne Disziplin achtete.
Relief, Aquileia, Archäologisches Museum.

12 Das Adjektiv

Das Adjektiv kennst du schon unter der Bezeichnung **Eigenschaftswort.**

Die Frage nach dem Adjektiv lautet: **Wie beschaffen** ist eine Sache?

Beispiele

die berühmte Frau
femina **clara**

die guten Sklaven
servi **boni**

Wie im Deutschen richtet sich das Adjektiv im Lateinischen in Kasus (Fall), Numerus (Zahl) und Genus (Geschlecht) nach dem dazugehörigen Substantiv. Dies gilt im Lateinischen aber auch bei der engen Verbindung des Adjektivs mit einem **Verb,** meist ist das esse. Weil das Adjektiv dann zum Prädikat gehört, es also näher bestimmt (Wie ist das Pferd? Das Pferd **ist schnell.**) spricht man von „prädikativer Verwendung" des Adjektivs.

Beispiele

Die Frau ist schön.
Femina pulchr**a est.**

Die Sklaven sind gut.
Servi bon**i sunt.**

Im Lateinischen richtet sich das Adjektiv in **Kasus, Numerus und Genus** immer nach dem dazugehörigen **Substantiv.**

Das Adjektiv wird wie ein Substantiv dekliniert. Präge dir die Endungen der a- und o-Deklination nochmals gut ein! Du brauchst sie für die dreiendigen Adjektive auf -us, -a, -um.

	a-Deklination Feminina		o-Deklination Maskulina		o-Deklination Neutra	
	Singular	Plural	Singular	Plural	Singular	Plural
Nom.	-a	-ae	-us	-i	-um	-a
Gen.	-ae	-arum	-i	-orum	-i	-orum
Dat.	-ae	-is	-o	-is	-o	-is
Akk.	-am	-as	-um	-os	-um	-a
Abl.	-a	-is	-o	-is	-o	-is

Zu den dreiendigen Adjektive gehören auch die **Adjektive auf -er, -a, -um,** wie pulcher, pulchra, pulchrum (schön) oder miser, misera, miserum (elend, unglücklich). Auch sie werden nach der a- und o-Deklination dekliniert.

Im folgenden Deklinationsschema sind drei Substantive verbunden mit dem Adjektiv bonus, -a, -um (gut) dekliniert. Achte auf die Übereinstimmung des Adjektivs in Kasus, Numerus und Genus mit dem Substantiv!

Beispiele

	Singular		Plural	
Nom.	domin**us**	**bonus**	domin**i**	**boni**
Gen.	domin**i**	**boni**	domin**orum**	**bonorum**
Dat.	domin**o**	**bono**	domin**is**	**bonis**
Akk.	domin**um**	**bonum**	domin**os**	**bonos**
Abl.	domin**o**	**bono**	domin**is**	**bonis**

	Singular		Plural	
Nom.	femin**a**	**bona**	femin**ae**	**bonae**
Gen.	femin**ae**	**bonae**	femin**arum**	**bonarum**
Dat.	femin**ae**	**bonae**	femin**is**	**bonis**
Akk.	femin**am**	**bonam**	femin**as**	**bonas**
Abl.	femin**a**	**bona**	femin**is**	**bonis**

	Singular		Plural	
Nom.	templ**um**	**bonum**	templ**a**	**bona**
Gen.	templ**i**	**boni**	templ**orum**	**bonorum**
Dat.	templ**o**	**bono**	templ**is**	**bonis**
Akk.	templ**um**	**bonum**	templ**a**	**bona**
Abl.	templ**o**	**bono**	templ**is**	**bonis**

Übung 14 Nun kannst du schon viele Ausdrücke mit Adjektiv deklinieren. Du brauchst bloß die jeweilige Endung des Substantivs auf das Adjektiv zu übertragen. Setze zu folgenden Substantiven zuerst bonus, -a, -um, dann miser, -a, -um! Achte dabei auf Kasus, Numerus und Genus!

a) domina ______________________

b) templa ______________________

c) pueri ______________________

d) dominis ______________________

e) viro ______________________

f) puerorum ______________________

g) horto ______________________

h) verba ______________________

i) sententiis ______________________

j) circum ______________________

k) animi ______________________

l) filiae ______________________

m) filiorum ______________________

Übung 15 Ergänze zu folgenden Substantivformen das Adjektiv bonus, -a, -um und setze diese Ausdrücke dann in den Plural!

a) filii ______________________

b) convivae ______________________

c) patroni ______

d) magistro ______

e) atrium ______

f) mensae ______

g) statuam ______

h) animus ______

i) populi ______

j) solum ______

k) vir ______

l) agro ______

m) vinum ______

Übung 16 Erweitere folgende Substantive um das in der Klammer stehende Adjektiv!

a) donorum (erfreulich) ______

b) viri (stark) ______

c) negotio (passend) ______

d) vitam (ländlich) ______

e) verba (hochmütig) ______

f) gaudio (groß) ______

g) agris (klein) ______

h) Romani (alle) ______

Übung 17 Übersetze!

a) Villa alta est.

______

b) Gloria parva est.

______

c) Agricola bonus est.

___

d) Tectum villae atrae video.

___

___

___

Das Forum Romanum, der größte und wichtigste römische Marktplatz. Im Vordergrund der Saturntempel. Links hinter dem Triumphbogen des Septimius Severus die Kurie.

e) Pater miser est.

___

___

f) Forum publicum est.

___

___

g) Multi Romani periculum amant.

___

h) Femina puerum bonum laudat.

___

i) Cuncti templa clara visitant.

___

j) Africa terra pulchra est.

___

k) Cuncta templa clara visitamus.

___

l) Consilium bonum dat.

___

13 Die Präpositionen

Die deutsche Bezeichnung für Präposition ist **Verhältniswort.** Der lateinische Begriff ist abgeleitet von prae-positum (vorangestellt). Präpositionen sind die kleinen vor einem Substantiv stehenden Wörter, die angeben, in welchem räumlichen, zeitlichen oder logischen Verhältnis man zu einem Gegenstand steht: vor dem Baum, auf dem Baum, wegen des Baumes usw.

Im Lateinischen gibt es zwei Gruppen von Präpositionen:

1. Präpositionen, bei denen das zugehörige Substantiv im Akkusativ steht.
2. Präpositionen, bei denen das zugehörige Substantiv im Ablativ steht.

Präpositionen mit Akkusativ		**Präpositionen mit Ablativ**	
ad	zu, an, bei	**a/ab**	von, von … her
ante	vor	**de**	von … herab, über
post	hinter, nach	**sine**	ohne
propter	wegen	**pro**	für, an Stelle
per	durch, hindurch	**cum**	mit
iuxta	neben	**e/ex**	aus … heraus, von … aus

Die Präpositionen musst du auswendig können. Für die Präpositionen mit Ablativ gibt es einen Merkspruch:
„Apfelsine, Brot mit Keks regieren immer den Fall sechs".
(ab, de, sine, pro, cum, ex regieren immer den Fall sechs.)
Auf alle anderen Präpositionen folgt der Akkusativ.

Ausnahmen

Es gibt zwei Ausnahmen, die du dir besonders einprägen musst: Die Präpositionen **in** (in, an, auf) und **sub** (unter).

Den Präpositionen **in** (in, an, auf) und **sub** (unter) folgt
- auf die Frage **„wohin?"** der **Akkusativ,**
- auf die Frage **„wo?"** der **Ablativ.**

Beispiele

Servus **in** hort**um** properat.
in + Akk.: Wohin?
Der Sklave eilt in den Garten.

Servus **in** hort**o** laborat.
in + Abl.: Wo?
Der Sklave arbeitet im Garten.

Sklaven waren für viele Arbeiten zuständig. links: Apfelernte im September. rechts: Pressen von Oliven in einer Ölpresse. Jahreszeitenmosaik 2./3. Jh. n. Chr., Saint-Germain-en-Laye, Musée des Antiquités Nationales.

Übung 18 Ordne die folgenden Präpositionen dem jeweiligen Kasus zu!

a) in ________________
b) ab ________________
c) a ________________
d) sub ________________
e) pro ________________
f) ante ________________
g) post ________________
h) cum ________________
i) sine ________________
j) de ________________
k) propter ________________
l) per ________________
m) ex ________________
o) ad ________________

Übung 19 Übersetze!

a) beim Vestatempel (Tempel der Vesta) ________________
b) auf dem Forum ________________
c) vor den Toren ________________
d) unter dem Tempel ________________
e) viele Stunden hindurch ________________

f) zu den Mauern Roms ______________________

g) von den Mauern herab ______________________

h) durch die Straßen Roms ______________________

i) mit den Sklaven ______________________

j) ohne Markus ______________________

Übung 20 Setze die entsprechenden Präpositionen ein!

a) __________ foro: vom Marktplatz her

b) __________ bello: über den Krieg (erzählen)

c) __________ familia: ohne Familie

d) __________ amicis: für die Freunde

e) __________ amica: mit der Freundin

f) __________ patria: aus der Heimat

g) __________ villa: im Haus

h) __________ terra: unter der Erde

i) __________ portam: vor der Tür

j) __________ cenam: nach der Mahlzeit

k) __________ curas: wegen der Sorgen

l) __________ silvam: durch den Wald

m) __________ silvam: in den Wald

n) __________ forum: auf den Marktplatz

o) __________ tectum: unter das Dach

p) __________ theatrum: zum Theater

Übung 21 Schreibe jeweils unter das Bild die richtige Präposition! Wo ist die Maus? Woher kommt die Maus? Wohin läuft die Maus?

a) __________ vill __________

b) __________ vill __________

c) __________ vill __________ d) __________ vill __________

e) __________ vill __________ f) __________ vill __________

g) __________ vill __________

h)  _________ vill _________

i) _________ vill _________ 

j)  _________ vill _________

k) _________ amic _________ 

l)  _________ amic _________

m) _________ vill _________

_________ silv _________ 

14 Das Imperfekt

Der Begriff Imperfekt bezeichnet die **1. Vergangenheit,** das Präteritum. Zunächst rufen wir uns die sechs Personalendungen der Verben ins Gedächtnis, indem wir die Präsensformen (Gegenwart) wiederholen. Ergänze im Folgenden die lateinischen Endungen:

d-__________	ich gebe	habe-__________	ich habe
da-__________	du gibst	habe-__________	du hast
da-__________	er, sie, es gibt	habe-__________	er, sie, es hat
da-__________	wir geben	habe-__________	wir haben
da-__________	ihr gebt	habe-__________	ihr habt
da-__________	sie geben	habe-__________	sie haben

Die Personalendungen, die wir vom Indikativ Präsens kennen, lauten -o, -s, -t, -mus, -tis, -nt. Wir verwenden diese Endungen auch im Imperfekt. Nur eine Besonderheit ist zu merken: In der **1. Person Singular** hat das Imperfekt statt der Endung -o die **Endung -m.** Diese Endung für die 1. Person Singular wird uns noch öfter begegnen.

Den Imperfektstamm erhältst du, indem du das Signal **-ba-** an den Präsensstamm anfügst.

Imperfektstamm: Präsensstamm + **-ba-** laudare: lauda-ba-

Beispiele

Präsensstamm:	lauda-	mone-
Imperfektstamm:	lauda**ba-**	mone**ba-**

Indikativ Imperfekt			
a-Konjugation		e-Konjugation	
lauda-**ba-m**	ich lobte	mone-**ba-m**	ich mahnte
lauda-**ba**-s	du lobtest	mone-**ba**-s	du mahntest
lauda-**ba**-t	er, sie, es lobte	mone-**ba**-t	er, sie, es mahnte
lauda-**ba**-mus	wir lobten	mone-**ba**-mus	wir mahnten
lauda-**ba**-tis	ihr lobtet	mone-**ba**-tis	ihr mahntet
lauda-**ba**-nt	sie lobten	mone-**ba**-nt	sie mahnten

Das Verb **esse** tanzt, wie so oft, aus der Reihe: Der Imperfektstamm ist **era-**. Ein Hinweis für Sprachforscher: Das -s- von es-t (er ist) wird zwischen zwei Vokalen (Selbstlauten) zu -r-: esa → era. Das nennt man Rhotazismus (rho ist die griechische Bezeichnung für den Buchstaben R).

Indikativ Imperfekt von esse	
era-m	ich war
era-s	du warst
era-t	er, sie, es war
era-mus	wir waren
era-tis	ihr wart
era-nt	sie waren

Übung 22 Bilde das Imperfekt von donare (schenken) und ridere (lachen) lateinisch und deutsch!

	donare	Übersetzung
1. Pers. Sg.		
2. Pers. Sg.		
3. Pers. Sg.		
1. Pers. Pl.		
2. Pers. Pl.		
3. Pers. Pl.		

	ridere	Übersetzung
1. Pers. Sg.		
2. Pers. Sg.		
3. Pers. Sg.		
1. Pers. Pl.		
2. Pers. Pl.		
3. Pers. Pl.		

Übung 23 Schreibe die lateinische Übersetzung folgender Ausdrücke in die entsprechende Lücke! Die Buchstaben in den blauen Kästchen ergeben das Lösungswort, einen bekannten römischen Geschichtsschreiber.

1 ihr schenktet
2 wir bereiteten
3 du schwiegst
4 ich befreie
5 ihr wart
6 sie sind
7 du irrtest dich

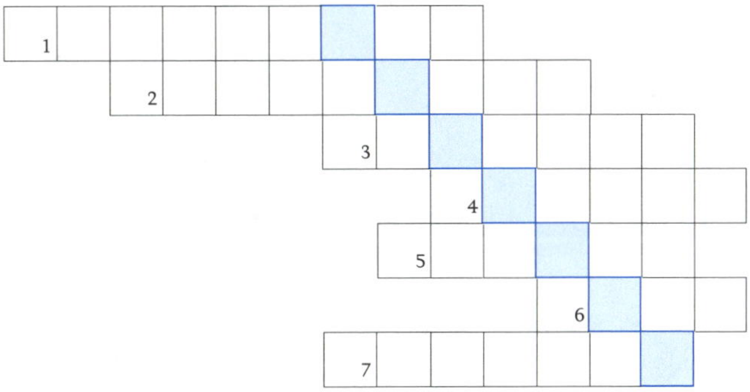

Lösungswort: ______________________

Die römischen Geschichtsschreiber berichten von vielen Kriegen, die Rom zunächst gegen Nachbarvölker und dann gegen immer weiter entfernte Stämme führte, wobei es sein Herrschaftsgebiet (Imperium) immer weiter ausdehnte.
Aus den neu eroberten Provinzen wurden wiederum neue Truppen ausgehoben, die die erfahrenen römischen Legionen im Kriegsfall als Hilfstruppen (auxilia, von auxilium: Hilfe) unterstützten. Auch zur Sicherung der immer ausgedehnteren Grenzen des Reiches waren immer mehr Soldaten nötig.
Links zwei Auxiliarsoldaten (Soldaten der auxilia) beim Angriff mit Schwert und Schild.

Steinerner Säulensockel, Mainz-Kästrich, etwa 70–85 n. Chr.

15 Das Futur I

Genauso leicht wie ins Imperfekt kommst du auch ins Futur, in die **Zukunft** (Futur I). Du schiebst das Signal **-bi-** zwischen Stamm und Personalendung.

Futur I -Stamm: Präsensstamm + **-bi-** laudare: lauda- bi-

Beispiele

Präsensstamm:	lauda-,	mone-
Futur I-Stamm:	lauda**bi-**,	mone**bi-**

Die **1. Person Singular** und die **3. Person Plural** sind nicht regelmäßig gebildet: Präge dir diese beiden Formen genau ein!

Futur I

a-Konjugation		e-Konjugation	
lauda-**b**-o	ich werde loben	mone-**b**-o	ich werde mahnen
lauda-**bi**-s	du wirst loben	mone-**bi**-s	du wirst mahnen
lauda-**bi**-t	er, sie, es wird loben	mone-**bi**-t	er, sie, es wird mahnen
lauda-**bi**-mus	wir werden loben	mone-**bi**-mus	wir werden mahnen
lauda-**bi**-tis	ihr werdet loben	mone-**bi**-tis	ihr werdet mahnen
lauda-**bu**-nt	sie werden loben	mone-**bu**-nt	sie werden mahnen

Wie im Imperfekt hat **esse** auch im Futur I einen eigenen Stamm: **eri-.**
Präge dir auch hier die 1. Person Singular und die 3. Person Plural als Ausnahmen genau ein!

Futur I von esse

er-o	ich werde sein
eri-s	du wirst sein
eri-t	er, sie, es wird sein
eri-mus	wir werden sein
eri-tis	ihr werdet sein
er-u-nt	sie werden sein

Übung 24 Bilde das Futur zu donare!

______________________ ______________________

______________________ ______________________

______________________ ______________________

Übung 25 Verwandle folgende Verbformen durch Einsetzen der richtigen Buchstaben ins Imperfekt und übersetze sie dann!

a) er- ______ -s: ______________________

b) lauda- ______ -t: ______________________

c) mone- ______ -nt: ______________________

d) er- ______ -nt: ______________________

e) er- ______ -mus: ______________________

f) lauda- ______ -tis: ______________________

g) mone- ______ -s: ______________________

h) mone- ______ -tis: ______________________

i) lauda-______ -mus: ______________________

j) lauda- ______ -m: ______________________

k) mone- ______ -mus: ______________________

l) lauda- ______ -nt: ______________________

Übung 26 Verwandle die Verbformen ins Futur I und übersetze sie dann!

a) er- ______ -s: ______________________

b) lauda- ______ -t: ______________________

c) mone- ______ -nt: ______________________

d) er- ______ -nt: ______________________

e) er- ______ -mus: ______________________

f) lauda- ______ -tis: ______________________

g) mone- ______ -s: ______________________

h) mone- ______ -tis: ______________________

i) lauda- ______ -mus: ______________________

j) lauda- ______ -o: ______________________

k) mone- ______ -mus: ______________________

l) lauda- ______ -nt: ______________________

Übung 27 Übersetze folgende Verbformen und achte dabei auf das richtige Tempussignal, das Kennzeichen der jeweiligen Zeit!
Bestimme anschließend die Person, die Zahl und die Zeit der Verbform!

ich lobe laudo: 1. Pers. Sg. Präsens

du lobtest laudabas: 2. Pers. Sg. Imperfekt

a) sie werden mahnen ______________________

b) ich schwieg ______________________

c) wir eilten ______________________

d) sie werden sich nähern ______________________

e) sie sind ______________________

f) sie waren ______________________

g) sie werden sein ______________________

h) sie loben ______________________

i) sie lobten ______________________

j) sie werden loben ______________________

k) ich mahne ______________________

l) ich mahnte ______________________

m) ich werde mahnen ______________________

n) ich werde loben ______________________

o) sie lachten ______________________

p) er schwieg ______________________

q) sie werden lachen ______________________

r) ich schwieg ______________________

s) wir bereiteten vor ______________________

t) er irrte sich ______________________

u) ihr werdet sein ______________________

v) ich befahl ______________________

Das Forum der römischen Stadt Gerasa im heutigen Jordanien. Auf den Foren römischer Städte spielte sich das öffentliche Leben ab. Meist standen hier die wichtigsten öffentlichen Bauten wie etwa die Ratsversammlung (curia) und der Haupttempel der Stadt.

16 Der Konjunktiv Präsens

Bisher hast du bei allen Verbformen nur den Indikativ gelernt, die Wirklichkeitsform. Die Personalendung hat dir gezeigt, welche Person handelt, das Signal für die Zeit zeigt an, ob die Handlung in der Gegenwart, der 1. Vergangenheit oder der Zukunft spielt.

Jetzt gibt es aber noch eine weitere Möglichkeit: Der Konjunktiv, die **Nicht-Wirklichkeitsform** von Verben, macht die vom Verbum ausgedrückte Handlung zum bloßen Gedanken.

Der Konjunktiv Präsens signalisiert: Es geht nicht um eine Tatsache, sondern es wird ein **Wunsch** ausgedrückt.

Beispiele

Indikativ Präsens:		**Konjunktiv Präsens:**	
laudat	er lobt	laud**e**t	er möge loben
monet	er mahnt	mone**a**t	er möge mahnen

Auch das Signal für den Konjunktiv steckt in der Endung, hast du es schon entdeckt?

Schau dir alle Formen im Zusammenhang an!

a-Konjugation

Indikativ Präsens		Konjunktiv Präsens	
laud-o	ich lobe	laud-**e**-m	ich möge loben
lauda-s	du lobst	laud-**e**-s	du mögest loben
lauda-t	er, sie, es lobt	laud-**e**-t	er, sie, es möge loben
lauda-mus	wir loben	laud-**e**-mus	wir mögen loben
lauda-tis	ihr lobt	laud-**e**-tis	ihr mögt loben
lauda-nt	sie loben	laud-**e**-nt	sie mögen loben

Bei laudare wird das -a- der Endung durch **-e-** ersetzt, und damit sind wir im Konjunktiv. Dieses -e- signalisiert bei allen Verben der a-Konjugation den Konjunktiv Präsens.

Hast du gesehen, dass in der **1. Person Singular** statt der Endung -o wieder wie beim Imperfekt die **Endung -m** verwendet wird?

e-Konjugation

Indikativ Präsens		Konjunktiv Präsens	
mone-o	ich mahne	mone-**a**-m	ich möge mahnen
mone-s	du mahnst	mone-**a**-s	du mögest mahnen
mone-t	er, sie, es mahnt	mone-**a**-t	er, sie, es möge mahnen
mone-mus	wir mahnen	mone-**a**-mus	wir mögen mahnen
mone-tis	ihr mahnt	mone-**a**-tis	ihr mögt mahnen
mone-nt	sie mahnen	mone-**a**-nt	sie mögen mahnen

Bei monere tritt zwischen den Stamm mone- und die Personalendung ein **-a-**, und wieder sind wir im Konjunktiv.

Konjunktiv Präsens

a-Konjugation: das **-a-** des Stammes wird **durch -e- ersetzt.**	lauda-re: laud-e-
e-Konjugation: an den Präsensstamm wird ein **-a- angefügt.**	mone-re: mone-a-

Im Lateinischen gibt es also ein sehr einfaches Signal für den Konjunktiv, das in der Endung steckt. Im Deutschen können wir den Wunsch mit **„mögen“** ausdrücken, schöner ist das Wörtchen **„hoffentlich“.**

Beispiele

laud**e**m: ich möge loben, hoffentlich lobe ich
mone**a**s: du mögest mahnen, hoffentlich mahnst du

Für **esse** müssen wir uns wieder einen eigenen Stamm für den Konjunktiv Präsens merken: **si-.**

Konjunktiv Präsens von esse

si-m	ich möge sein, hoffentlich bin ich
si-s	du mögest sein, hoffentlich bist du
si-t	er, sie, es möge sein, hoffentlich ist er, sie, es
si-mus	wir mögen sein, hoffentlich sind wir
si-tis	ihr möget sein, hoffentlich seid ihr
si-nt	sie mögen sein, hoffentlich sind sie

Übung 28 Gib für folgende Verbformen im Konjunktiv Präsens beide Übersetzungsmöglichkeiten an!

a) moneamus ______________________

b) laudent ______________________

c) laudetis ______________________

d) moneat ______________________

e) taceant ______________________

f) pareant ______________________

g) monstres ______________________

h) appropinquemus ______________________

i) videat ______________________

j) spectemus ______________________

k) portetis ______________________

Wohlhabende Römer fuhren im Wagen oder ließen sich von Sklaven in einer Sänfte tragen. Hier ist ein Mann im Wagen unterwegs. Seine bedeutende Stellung zeigen das Szepter in seiner Hand und der ihm vorangehende Liktor (rechts, zu erkennen am Rutenbündel in der Hand). Liktoren begleiten nur hochrangige römische Beamte. Hinter dem Mann wird eine leere Sänfte (links) getragen. Sobald der Mann die Stadttore ereicht hat, wird er die Sänfte besteigen.
Fragment eines Sarkophags, 4. Jh., Aquileia, Archäologisches Museum.

l) mandes ______________________

m) nuntiet ______________________

17 Der Konjunktiv Imperfekt

Du bist nun schon so firm in der lateinischen Sprache, dass du selbst laudare und monere im Konjunktiv Imperfekt aufschreiben kannst, wenn ich dir sage, dass als Signal für den Konjunktiv Imperfekt **-re-** an den Stamm tritt. Die Personalendungen sind dieselben, die wir schon vom Indikativ Imperfekt kennen.

Konjunktiv-Imperfekt-Stamm: Präsensstamm + **-re-** laudare: lauda-re-

Du kannst dir den Stamm des Konjunktivs Imperfekt ganz leicht merken: Er sieht immer genauso aus wie der **Infinitiv Präsens Aktiv!**

Beispiel

Infinitiv Präsens Aktiv: lauda-re
Konjunktiv-Imperfekt-Stamm: lauda**-re-**

Mithilfe der bekannten Personalendungen kannst du jetzt die Verben donare und habere selbst in den Konjunktiv Imperfekt setzen:

	donare	habere
1. Pers. Sg.	dona-re-m	habe-re-m
2. Pers. Sg.		
3. Pers. Sg.		
1. Pers. Pl.		
2. Pers. Pl.		
3. Pers. Pl.		

Was bedeutet der Konjunktiv Imperfekt im Lateinischen? Der Konjunktiv Imperfekt beschreibt etwas **Irreales,** nur Vorgestelltes.

Beispiele

Ich **wäre** König, wenn ich ein Königreich **hätte.**
Ich **würde** dich tadeln, wenn du mein Sohn **wärest.**

Du übersetzt den Konjunktiv Imperfekt also mit **„würde, würdest"** usw.

Konjunktiv Imperfekt

a-Konjugation		e-Konjugation	
lauda-**re**-m	ich würde loben	mone-**re**-m	ich würde mahnen
lauda-**re**-s	du würdest loben	mone-**re**-s	du würdest mahnen
lauda-**re**-t	er, sie, es würde loben	mone-**re**-t	er, sie, es würde mahnen
lauda-**re**-mus	wir würden loben	mone-**re**-mus	wir würden mahnen
lauda-**re**-tis	ihr würdet loben	mone-**re**-tis	ihr würdet mahnen
lauda-**re**-nt	sie würden loben	mone-**re**-nt	sie würden mahnen

Auch im Konjunktiv Imperfekt hat esse einen eigenen Stamm: **esse-.** Du siehst: Wieder ist der Konjunktiv-Imperfekt-Stamm identisch mit dem Infinitiv Präsens!

Konjunktiv Imperfekt von esse

esse-m	ich wäre
esse-s	du wärst
esse-t	er, sie, es wäre
esse-mus	wir wären
esse-tis	ihr wäret
esse-nt	sie wären

Übung 29 In dieser Übung machen wir „Gedankensprünge"! Die Verbformen stehen zunächst im Indikativ Präsens, drücken also eine Tatsache aus:

laudas *du lobst*

Wir setzen sie in den Konjunktiv Präsens und machen Wünsche daraus:

laudes *hoffentlich lobst du*

Dann noch einmal ein Purzelbaum: Wir setzen sie in den Konjunktiv Imperfekt und aus Tatsachen wird plötzlich Irrealität:

laudares *du würdest loben*

Nun purzelst du selbst durch Wirklichkeit, Wunsch oder Vorstellung: Bilde die Formen und übersetze!

Indikativ Präsens	Konjunktiv Präsens	Konjunktiv Imperfekt
laudas du lobst	laudes du mögest loben	laudares du würdest loben
monet		
vocant		
paro		
appropinquamus		
rides		
habent		
prohibetis		
desiderant		
compleo		
vulneras		
terrent		
sum		
sunt		

Übung 30 Ordne folgende Verbformen ein: Setze zu jeder angegebenen Verbform den richtigen Buchstaben und übersetze dann die Verbform.

(a) Wirklichkeit, (b) Wunsch, (c) bloße Vorstellung (irreal).

vocant: (a) sie rufen

a) rogemus: ____________________

b) erant: ____________________

c) essent: ____________________

d) intrares: ____________________

e) desiderarent: ____________________

f) paramus: ____________________

g) compleant: ____________________

h) haberetis: ____________________

i) ambulat: ____________________

j) spectent: ____________________

k) laudaremus: ____________________

Übung 31 Übersetze!

a) Mögen wir immer gesund sein! Hoffentlich sind wir immer gesund!

____

b) Wir würden Rom besuchen, wenn wir viel Geld hätten.

____

c) Die Schüler wären tüchtig, wenn die Lehrer (sie) immer loben würden.

____

____

d) Mögen wir glücklich sein!

____

e) Hoffentlich seid ihr zufrieden, denn die Götter gaben euch viel!

f) Wir würden zufrieden sein, wenn ihr uns loben würdet.

g) Wir werden Bedaium besuchen, weil der Lehrer es wünscht.

h) Lasst uns heute lachen (mögen wir heute lachen) und lasst uns heute singen (mögen wir heute singen), weil wir frei von Sorgen sind!

i) Ich werde dich besuchen und dir von unseren Freunden erzählen.

j) Wollen wir unsere Freunde einladen (mögen wir einladen) und uns Spielen hingeben!

k) Wir werden in den Ferien Rom besuchen.

18 Übersicht über die Verbformen

Hier siehst du nochmals alle bisher gelernten Verbformen im Überblick:

Präsens Indikativ

a-Konjugation		e-Konjugation		esse	
laud-o	ich lobe	mone-o	ich mahne	su-m	ich bin
lauda-s	du lobst	mone-s	du mahnst	e-s	du bist
lauda-t	er, sie, es lobt	mone-t	er, sie, es mahnt	es-t	er, sie, es ist
lauda-mus	wir loben	mone-mus	wir mahnen	su-mus	wir sind
lauda-tis	ihr lobt	mone-tis	ihr mahnt	es-tis	ihr seid
lauda-nt	sie loben	mone-nt	sie mahnen	su-nt	sie sind

Imperfekt Indikativ

a-Konjugation		e-Konjugation		esse	
lauda-**ba**-m	ich lobte	mone-**ba**-m	ich mahnte	**era**-m	ich war
lauda-**ba**-s	du lobtest	mone-**ba**-s	du mahntest	**era**-s	du warst
lauda-**ba**-t	er, sie, es lobte	mone-**ba**-t	er, sie, es mahnte	**era**-t	er, sie, es war
lauda-**ba**-mus	wir lobten	mone-**ba**-mus	wir mahnten	**era**-mus	wir waren
lauda-**ba**-tis	ihr lobtet	mone-**ba**-tis	ihr mahntet	**era**-tis	ihr wart
lauda-**ba**-nt	sie lobten	mone-**ba**-nt	sie mahnten	**era**-nt	sie waren

Präsens Konjunktiv

a-Konjugation		e-Konjugation		esse	
laud**e**-m	ich möge loben	mone-**a**-m	ich möge mahnen	**si**-m	ich sei (möge sein)
laud**e**-s	du mögest loben	mone-**a**-s	du mögest mahnen	**si**-s	du mögest sein
laud**e**-t	er, sie, es möge loben	mone-**a**-t	er, sie, es möge mahnen	**si**-t	er, sie, es möge sein
laud**e**-mus	wir mögen loben	mone-**a**-mus	wir mögen mahnen	**si**-mus	wir mögen sein
laud**e**-tis	ihr möget loben	mone-**a**-tis	ihr möget mahnen	**si**-tis	ihr möget sein
laud**e**-nt	sie mögen loben	mone-**a**-nt	sie mögen mahnen	**si**-nt	sie mögen sein

Imperfekt Konjunktiv

a-Konjugation		e-Konjugation		esse	
lauda-**re**-m	ich würde loben	mone-**re**-m	ich würde mahnen	**esse**-m	ich wäre
lauda-**re**-s	du würdest loben	mone-**re**-s	du würdest mahnen	**esse**-s	du wärest
lauda-**re**-t	er, sie, es würde loben	mone-**re**-t	er, sie, es wür-de mahnen	**esse**-t	er, sie, es wäre
lauda-**re**-mus	wir würden loben	mone-**re**-mus	wir würden mahnen	**esse**-mus	wir wären
lauda-**re**-tis	ihr würdet loben	mone-**re**-tis	ihr würdet mahnen	**esse**-tis	ihr wäret
lauda-**re**-nt	sie würden loben	mone-**re**-nt	sie würden mahnen	**esse**-nt	sie wären

Futur I

a-Konjugation		e-Konjugation		esse	
lauda-**b**-o	ich werde loben	mone-**b**-o	ich werde mahnen	**er**-o	ich werde sein
lauda-**bi**-s	du wirst loben	mone-**bi**-s	du wirst mahnen	**eri**-s	du wirst sein
lauda-**bi**-t	er, sie, es wird loben	mone-**bi**-t	er, sie, es wird mahnen	**eri**-t	er, sie, es wird sein
lauda-**bi**-mus	wir werden loben	mone-**bi**-mus	wir werden mahnen	**eri**-mus	wir werden sein
lauda-**bi**-tis	ihr werdet loben	mone-**bi**-tis	ihr werdet mahnen	**eri**-tis	ihr werdet sein
lauda-**bu**-nt	sie werden loben	mone-**bu**-nt	sie werden mahnen	**eru**-nt	sie werden sein

Zum Trainieren der Verbformen lernst du hier eine neue Übung, die sich öfter wiederholen wird, weil sie sehr wirkungsvoll ist: Die **Tempusreihe.** Dabei führst du eine im Indikativ Präsens angegebene Verbform durch alle Zeiten, die du gelernt hast, und zwar in beiden **Modi,** d. h. in Indikativ und Konjunktiv.

Beispiel

Die Tempusreihe zu laudas sieht so aus:
laudas: du lobst; laudes: du mögest loben;
laudabas: du lobtest; laudares: du würdest loben;
laudabis: du wirst loben.
Wir haben also folgende Formen gebildet: Präsens Indikativ und Konjunktiv, Imperfekt Indikativ und Konjunktiv, Futur I.

Übung 32 Bilde lateinisch und deutsch Tempusreihen zu folgenden Verbformen:

Indikativ Präsens	Konjunktiv Präsens	Indikativ Imperfekt	Konjunktiv Imperfekt	Futur I
laudas du lobst	laudes: du mögest loben	laudabas: du lobtest	laudares: du würdest loben	laudabis: du wirst loben
servant				

terres				
explicatis				
ambulamus				
sum				
mones				
complent				
videmus				
rogatis				
narrant				
opto				
habet				

Übung 33 In der Schulaufgabe spielt die Übersetzung eines inhaltlich sinnvollen Textes die wichtigste Rolle. Das üben wir an zusammenhängenden Texten.

Text 1: Eine Reise nach Griechenland

a) Mox Graeciam visitabimus.

b) In Graecia templa pulchra et vias angustas oppidorum antiquorum spectabimus.

c) Tum pater narrabit: „Graecia diu libera erat, Graeci liberi multos annos in oppidis pulchris habitabant."

d) Tum in nonnullis oppidis tyranni impii incolis probis imperabant.

e) Graeci miseri autem, quod vitam liberam valde amabant, cunctos tyrannos fugare studebant.

Suche zu jedem Satz das Subjekt und das Prädikat und bestimme die Endungen des Prädikats, z. B. erit: 3. Pers. Sg. Futur I!

a) ____

____

b) ____

____

c) ____

____

____

d) ____

____

e) ____

____

Die Provinzen des römischen Reiches im heutigen Griechenland um die Mitte des 2. Jhs n. Chr.

Griechenland war ein beliebtes Reiseziel der reicheren Römer. Die Söhne adliger Familien verbrachten dort oft nach ihrer Ausbildung in Rom ein oder zwei Jahre im Auslandsstudium. Sie studierten bei bekannten griechischen Rhetorikern und Philosophen, so studierte der berühmte Redner Cicero z. B. einige Zeit in Athen (Athenae), auf der Insel Rhodos (Rhodus) und in Smyrna (Kleinasien, heutige Türkei).

Schreibe alle Adjektive plus Substantiv und auch das Prädikat, wenn ein Adjektiv prädikativ verwendet ist (also zum Prädikat gehört), heraus und übersetze die Wendungen!

a) ______________________________

b) ______________________________

____

c) ______________________________

____

____

d) ______________________________

____

e) ______________________________

____

____

Übersetze den Gesamttext!

a) ______________________________

b) ______________________________

____

c) ______________________________

____

____

d) ______________________________

____

e) ______________________________

____

____

Text 2: Markus will nach Griechenland

a) Marcus feriis in Graecia erit.
b) Rogamus: „Quando (wann) navigabis ?"
c) Marcus: „Si venti iucundi erunt, cum nautis probis in Graeciam festinabimus".
d) Quia via in Graeciam plena periculorum est, consilio magistri navigii parere debemus.
e) Sed pericula crebra et insidias malas non timebo, nam Titus magister navigii valde peritus est.

Suche zu jedem Satz das Subjekt und das Prädikat und bestimme die Endungen des Prädikats, z. B. est: 3. Pers. Sg. Präsens!

a) ______________________________

____

b) ______________________________

____

c) ______________________________

____

d) ______________________________

____

e) ______________________________

____

Schreibe alle Adjektive plus Substantiv und auch das Prädikat, wenn ein Adjektiv prädikativ verwendet ist (also zum Prädikat gehört), heraus und übersetze die Wendungen!

a) ______________________________

b) ______________________________

c) ______________________________

____

d) ____

____

____

e) ____

____

____

Übersetze den Gesamttext!

a) ______________________________

____

____

b) ______________________________

____

____

c) ______________________________

____

____

____

Römisches Mosaik mit Wellenmuster. Mosaike sind aus vielen kleinen Steinchen zusammengesetzt.

____

____

e) ____

____

____

____

19 Das Possessivpronomen

Im Deutschen sagen wir zum Possessivpronomen **besitzanzeigendes Fürwort.** Der lateinische Begriff leitet sich von possedere (besitzen) ab.

Beispiele

Meus pater, non **tuus.**	Mein Vater, nicht deiner.
Tua mater, non **mea.**	Deine Mutter, nicht meine.
Nostro auxilio, non **vestro.**	Durch unsere Hilfe, nicht durch eure.

Schon diese wenigen Beispiele zeigen, dass das Possessivpronomen wie ein Adjektiv behandelt wird.

Beispiele

avus bonus	der gute Großvater
avus **meus**	mein Großvater
mater bona	die gute Mutter
mater **mea**	meine Mutter
negotium bonum	ein gutes Geschäft
negotium **meum**	mein Geschäft

Possessivpronomina			
Singular		Plural	
meus, mea, meum	mein	**noster, nostra, nostrum**	unser
tuus, tua, tuum	dein	**vester, vestra, vestrum**	euer
suus, sua, suum	sein, ihr, sein	**suus, sua, suum**	ihr

Es ist dir sicher aufgefallen, dass suus, sua, suum zweimal vorkommt. Es kann sich auf einen oder mehrere Besitzer beziehen:

Beispiele

Paulus villam **suam** laudat, non **nostram.**
Paulus lobt sein Landhaus, nicht unseres.

Vicini villam **suam** intrant, non **vestram.**
Die Nachbarn betreten ihr Landhaus, nicht eures.

Equus Claudiae ater est, equus **meus** albus est.
Claudias Pferd ist schwarz, mein Pferd ist weiß.

In einer Sache unterscheiden sich die Römer freilich von uns: Während wir das Possessivpronomen sehr häufig im Munde führen: mein Schulranzen, mein Bleistift, meine Freundin usw., verwendet es der Römer nur, wenn es sich nicht auf das Subjekt des Satzes bezieht, wenn es also für das Verständnis eines Satzes nötig ist.

Beispiele

Intramus villam.
Wir betreten unser Haus.

Paulus cum femina ambulat.
Paulus geht mit seiner Frau spazieren.

Nur wenn Paulus mit einer anderen Frau als seiner eigenen spazieren ginge, was auffallend wäre, würde im Lateinischen mit dem Possessivpronomen darauf hingewiesen werden.

Beispiel

Paulus cum femina **mea** ambulat.
Paulus geht mit meiner Frau spazieren.

Schau dir den folgenden Satz des griechischen Philosophen Diogenes an:
Cuncta **mea** mecum porto.

Kannst du den Satz übersetzen?

All das Meinige trage ich mit mir.
Oder: All mein Hab und Gut trage ich bei mir.

In diesem Satz steht das Possessivpronomen für ein **Substantiv.**

Im Lateinischen können alle **Possessivpronomina** auch **als Substantive** verwendet werden.

Substantivische Verwendung von Possessivpronomen

meum	das Meinige, mein Hab und Gut	**mea (Pl.)**	das Meinige, mein Hab und Gut (mehrere Sachen)	**mei**	die Meinigen (meine Familie, meine Leute)
tuum	das Deinige, sein / ihr Hab und Gut	**tua**	das Deinige, dein Hab und Gut	**tui**	die Deinigen
suum	das Seinige / Ihrige, sein / ihr Hab und Gut	**sua**	das Seinige / Ihrige, sein / ihr Hab und Gut	**sui**	die Seinigen / Ihrigen
nostrum	das Unsrige, unser Hab und Gut	**nostra**	das Unsrige, unser Hab und Gut	**nostri**	die Unseren
vestrum	das Eurige, euer Hab und Gut	**vestra**	das Eurige, euer Hab und Gut	**vestri**	die Eurigen

Beispiele

Tuos (familiam tuam) magis amas quam cunctos alios.
Du liebst die Deinen (deine Familie) mehr als alle anderen.

Nostri (milites nostri) inimicos superabant.
Die Unseren (unsere Soldaten) besiegten die Feinde.

Omnia **vestra** piratae raptabant.
Die Piraten raubten all euer Hab und Gut (euren ganzen Besitz).

Übung 34 Ergänze in den folgenden Sätzen die lateinischen Adjektive oder Possessivpronomina, die fehlen! Achte auf Kasus, Numerus und Genus!

a) Die Strafen waren hart.

Poenae erant ________________________.

b) Ihr pflegt eure Gärten.

Hortos ________________________ curatis.

c) Die Herrin begrüßt zahlreiche Gäste.

Domina ________________________ convivas salutat.

d) Wir sind krank.

____________________ sumus.

e) Die Kinder besuchen deinen Großvater.

Liberi avum ____________________ visitant.

f) Der Reichtum ist groß.

Divitiae ____________________ sunt.

Übung 35 Ergänze bei folgenden Ausdrücken das im Lateinischen fehlende Possessivpronomen! Achte darauf, dass es sich wie das Adjektiv in Kasus, Numerus und Genus nach seinem Substantiv richtet!

a) wer? Meine Freundin. ____________________

b) wen? Deinen Großvater. ____________________

c) wessen? Unserer Städte. ____________________

d) wem? Euren Freunden. ____________________

e) wo? In seinem Landhaus. ____________________

f) mit wem? Mit deinem Pferd. ____________________

g) wem? Deinem Herrn. ____________________

h) mit wem? Mit deinem Großvater. ____________________

i) wo? Vor meinem Landhaus. ____________________

j) wen? Meinen Tisch. ____________________

k) mit wem? Mit seinem Knaben. ____________________

l) wem? Unseren Feinden. ____________________

m) wem? Eurer Herrin. ____________________

n) wo? In meinen Gärten. ____________________

o) wen? Euer Unglück. ____________________

p) wessen? Ihrer Sklaven. ____________________

20 Das Personalpronomen

Im letzten Kapitel haben wir von meinem Besitz, deinem Besitz, unserem Besitz gesprochen. Jetzt sprechen wir von mir, dir, uns, also von uns selbst. Dafür brauchen wir das Personalpronomen, **das persönliche Fürwort.** Merke dir den Unterschied zwischen Possessivpronomina und Personalpronomina gut!

Possessivpronomina	**Personalpronomina**
mein, dein, unser, euer	ich, du, wir, ihr
Haec villa mea est. Dieses Haus ist meines.	Ego villam intro. Ich betrete das Haus.

Schau dir das Deklinationsschema an und lerne es auswendig!

Personalpronomina

	Singular				Plural			
Nom.	**ego**	ich	**tu**	du	**nos**	wir	**vos**	ihr
Gen.	**mei**	meiner	**tui**	deiner	**nostri**	unser	**vestri**	euer
Dat.	**mihi**	mir	**tibi**	dir	**nobis**	uns	**vobis**	euch
Akk.	**me**	mich	**te**	dich	**nos**	uns	**vos**	euch
Abl.	**mecum**[1]	mit mir	**tecum**	mit dir	**nobiscum**	mit uns	**vobiscum**	mit euch

1 Im Ablativ dreht der Römer die Wörter um: statt cum me sagt er mecum, statt cum te sagt er tecum.

Im Nominativ steht ein Personalpronomen nur, wenn die Person betont wird.

Beispiel

Ego amicam visitabam, non **tu.**
Ich besuchte die Freundin, nicht du.

Soll die Person nicht besonders hervorgehoben werden, erkennst du an der Personalendung des Prädikats, welche Person Subjekt ist.

Zwei Dinge sind dir vielleicht aufgefallen:

1. Es fehlt das Personalpronomen für die 3. Person: „er, sie, es“ und „sie“ (mehrere). Das ist im Laufe der Sprachgeschichte verloren gegangen. Für

die fehlenden Personalpronomina der 3. Person verwendet man im Lateinischen meist das Demonstrativpronomen **is, ea, id:** er, sie, es (siehe Kapitel 38, S. 167).

2. Die Genitive des Personalpronomens sehen aus wie Possessivpronomina (mei, tui, nostri, vestri): Da heißt es aufpassen!

Wie die Personalpronomina verwendet werden, siehst du in folgenden Beispielsätzen:

Beispiele

Du schenktest mir ein Buch.
Mihi librum donabas.

Ich werde morgen mit dir in der Stadt spazieren gehen.
Cras **tecum** in oppido ambulabo.

Die Erinnerung an euch (im Lat. Genitiv) wird mir immer Freude machen.
Memoria **vestri** me semper delectabit.

Wir sind die Herren, ihr aber seid die Sklaven.
Nos domini sumus, **vos** autem servi estis.

Du hast dich verletzt (im Lat. Imperfekt).
Te vulnerabas.

Markus besucht mit uns den Großvater und die Großmutter.
Marcus **nobiscum** avum et aviam visitat.

Übung 36 Bestimme in folgenden lateinischen Sätzen die Pronomina (Personal- und Possessivpronomina)!

a) Ego vos visito et vobiscum in forum ambulo.

____

____

b) Pater te rogat: „Estne domina in villa?"

____

c) Avus nobis donum pulchrum dat.

____

d) Domina me semper laudabat.

___

e) Pater filiis suis villam novam monstrat.

___

f) Magister te saepe laudabat.

___

g) Domini servas suas non semper laudabunt.

___

h) Ubi amici nostri sunt, ibi patria nostra est.

___

___

i) Magister te vituperet.

___

Übung 37 Ergänze in folgenden Sätzen die fehlenden Personal- oder Possessivpronomina und übersetze!

a) Claudia et Marcus ___ (mit uns) in horto ambulant.

___

___

b) Ubi est equus ___ (dein), Claudia ?

___

c) Villa ___ (unsere) non parva est.

___

d) Nova statua ___ (euere) e Graecia pulchra est.

___

___

e) Hodie avum ______________ (unser) visitabo.

____

____

f) ______________ (mir) pecuniam dat.

____

g) ______________ (das Meine) est etiam ______________ (das Deine).

____

Übung 38 Übersetze!

a) Ich betrete mein Haus.

____

b) Du betrittst mein Haus.

____

Das Haupthaus einer typischen römischen Villa rustica mit porticus (Säulengang) und großem atrium (Innenhof). Viele wohlhabende Römer besaßen Villen außerhalb Roms auf dem Land. Modellrekonstruktion nach Ruinen bei Treuchtlingen-Weinbergshof.

c) Sie sehen mich.

____

d) Ich sehe euch.

e) Kennt ihr nicht unseren Garten?

f) Du schenktest mir nichts.

g) Eure Worte sind mir bekannt.

h) Meine Worte sind euch bekannt.

i) Ein böser Mensch liebt nur seinen Reichtum.

j) Ihr bringt uns das Geld.

k) Ich bringe euch das Geld.

l) Gehst du mit mir spazieren?

m) Wir geben all das Unsere den Armen.

21 Das Reflexivpronomen

Das Reflexivpronomen ist das **rückbezügliche Fürwort.** Der Begriff ist von dem lateinischen Verb re-flectere, zurückbiegen, abgeleitet. Nur die dritte Person hat im Lateinischen ein eigenes Reflexivpronomen. Für die anderen Personen wird statt eines Reflexivpronomens das Personalpronomen verwendet. Das rückbezügliche Fürwort und seine Bedeutung kannst du aus folgenden Sätzen leicht erschließen:

Vir malus solum **se** amat, solum **de se** narrat, solum **sibi** pecuniam parat.
Ein böser Mann liebt nur *sich,* spricht nur *von sich*, erwirbt Geld nur *für sich.*

Amici **sibi** manum dant.
Die Freunde geben *sich* die Hand.

Discipulus **secum** contentus non est.
Der Schüler ist *mit sich* nicht zufrieden.

Das Reflexivpronomen bezieht sich auf das **Subjekt des Satzes** zurück und hat im Singular und Plural die gleichen Formen:

se amat	er liebt sich
se amant	sie lieben sich

Der Nominativ entfällt. Das Reflexivpronomen der dritten Person unterscheidet Numerus (Zahl) und Genus (Geschlecht) nicht.

Das Reflexivpronomen der 3. Person

Gen.	**sui**	seiner / ihrer (wessen?)
Dat.	**sibi**	sich (wem?)
Akk.	**se**	sich (wen?)
Abl.	**secum**	mit sich (mit wem?)

Übung 39 Übersetze und achte dabei auf die jeweils vorliegende Art des Pronomens!

a) Die Freunde erzählen von sich.

___

b) Er geht in seinem Garten spazieren.

____

Fresko (Wandgemälde) mit einer Gartenszene. Pompeji, Mitte des 1. Jhs n. Chr.

c) Der Großvater wünscht sich ein Buch von uns.

____

Übung 40 Setze folgende Ausdrücke in den Plural!

a) villa mea ______________________

b) in horto vestro ______________________

c) donum tuum ______________________

d) servus noster ______________________

e) sub tecto suo ______________________

f) ante villam meam ______________________

22 Die e-Deklination (oder die 5. Deklination)

Nun kommt eine neue „Sache“, wir lernen neue Substantive mit neuen Endungen kennen. „Die Sache“ heißt lateinisch „res“, dieses Wort wollen wir in alle Fälle (im Singular und Plural) setzen: Da es sich um keine schlechte Sache handelt, setzen wir das Adjektiv bonus, -a, -um dazu:

Die e-Deklination

	Singular		Plural	
Nom.	**res**	bona	**res**	bonae
Gen.	**rei**	bonae	**rerum**	bonarum
Dat.	**rei**	bonae	**rebus**	bonis
Akk.	**rem**	bonam	**res**	bonas
Abl.	**re**	bona	**rebus**	bonis

Was stellen wir fest?

1. Alle Kasusendungen enthalten den Stammauslaut **-e-**, daher die Bezeichnung e-Deklination.
2. Das Adjektiv bona zeigt uns, dass die Substantive der e-Deklination weiblich/feminin sind.

Das grammatische Geschlecht der **e-Deklination** ist **feminin.**

3. Manche Kasusendungen lauten gleich, können also verschiedene Fälle signalisieren:

res	Nom. Sg. Nom. Pl. Akk. Pl.
rei	Gen. Sg. Dat. Sg.
rebus	Dat. Pl. Abl. Pl.

Oft gibt dir das Adjektiv den entscheidenden Hinweis, welcher Fall vorliegt. Du erkennst den Kasus an dessen Endung.

Beispiele

res bona	Nom. Sg.: die Sache (wer oder was?)
res bon**ae**	Nom. Pl.: die Sachen (wer oder was?)
res bon**as**	Akk. Pl.: die Sachen (wen oder was?)

Präge dir am besten alle Formen von res so gut ein, dass du sie ohne Nachdenken „herunterbeten" kannst:
res, rei, rei, rem, re   res, rerum, rebus, res, rebus

Folgende Verbindungen eines Adjektivs mit res kommen oft vor. Lerne sie wie Vokabeln auswendig!

Feste Wendungen mit „res"

res publica	der Staat (eigentlich: die öffentliche Sache)
res secundae (Pl.)	das Glück (eigentlich: günstige Dinge)
res adversae (Pl.)	das Unglück (eigentlich: widrige Dinge)
res futurae (Pl.)	die Zukunft (eigentlich: die zukünftigen Dinge)

Ausnahme

Von der Regel, dass alle Substantive der e-Deklination weiblich sind, gibt es nur eine Ausnahme: **dies, diei** (der Tag) ist männlich.
Das musst du wissen, damit du Adjektive richtig zuordnest, z. B.

dies bonus	ein guter Tag
dies festus	ein Festtag

Meridies (der Mittag) ist entstanden aus medius dies (der mittlere Tag) und ist daher ebenfalls maskulin.

Übung 41 Nun kannst du weitere Beispiele schon selbstständig deklinieren.
Dekliniere folgende Ausdrücke!

a) fides certa (zuverlässige Treue)

_______________ _______________

_______________ _______________

_______________ _______________

b) spes bona (die gute Hoffnung)

c) acies periculosa (die gefährliche Schlachtreihe)

Übung 42 Setze folgende Ausdrücke in den Plural!

a) fides bona

b) spei bonae (Gen.)

c) diei bono

d) meridiem bonum

e) re publica

Übung 43 Als Übersetzungsübung wieder einmal ein zusammenhängender Text.

a) Die alten Griechen und Römer opferten den Göttern in guten und schlechten Tagen und bewahrten ihnen[1] die Treue.

1 ihnen: eis

b) In Kriegen hofften sie auf die Hilfe der Götter. Sie bauten Altäre und brachten Tiere als Opfer dar (opferten Tiere).

c) Die Opfer sollten Unglück vom Staat fernhalten.

___

___

___

___

___

d) Die alten Griechen brachten (gaben) den Göttern an Festtagen nicht nur Opfer, sondern hielten auch Wettspiele[2] ab.

2 Wettspiele: certamina (Die Olympischen Spiele gehen auf diesen Brauch zurück. Sie wurden zu Ehren des Zeus in Olympia in Griechenland ausgetragen, das erste Mal 776 v. Chr.)

___

___

___

___

___

___

Jupiter, der Nationalgott der Römer, Göttervater, dem griechischen Zeus entsprechend. Er wurde in Rom als Iuppiter Optimus Maximus (IOM) in einem prachtvollen Tempel auf dem Kapitolshügel verehrt.
Als Attribut (Erkennungszeichen) trägt er meist wie hier seinen Adler. Oft hält er auch Blitze in der Hand.
Aus dem Weißenburger Schatzfund, 1. Hälfte des 3. Jhs n. Chr.

Übung 44 Ergänze passend zum Adjektiv die jeweils fehlende Endung der Substantive, bestimme ihren Kasus und übersetze den jeweiligen Ausdruck!

die s ___ festos: Akk. Pl., die Festtage

a) in re ___ secundis: ___

b) die ___ festorum: ___

c) re ___ publicam: ___

d) pernicie ___ malis: ___

e) di ______________ festo ______________________________

f) meridie ______________ purus: ______________________________

g) re ______________ futuras: ______________________________

h) spe ______________ bonam: ______________________________

i) re ______________ publicarum: ______________________________

j) fide ______________ falsae: ______________________________

k) die ______________ boni: ______________________________

l) spe ______________ novae: ______________________________

Ein Stier, ein Widder und ein Eber werden feierlich geopfert. Der Stier ist festlich mit Opferbinden (vitula) geschmückt. Am Altar (rechts) bringt eine zur Feier der Opferhandlung verschleierte Gestalt, wahrscheinlich ein Kaiser, ein Trankopfer dar. Ein Opferdiener (zweiter von links) trägt ein Schlachtbeil (securis).

Relief, 1. Hälfte des 1. Jh. n. Chr., Paris, Louvre.

23 Die u-Deklination (oder die 4. Deklination)

Neben der a-, o- und e-Deklination gibt es noch eine weitere Deklination: die u-Deklination. Den Stammvokal, auf den die Substantive dieser Deklination auslauten, entnimmst du dem folgenden Deklinationsschema von casus bonus (ein guter Zufall).

Die u-Deklination

	Singular		Plural	
Nom.	cas**us**	bonus	cas**us**[1]	boni
Gen.	cas**us**[1]	boni	cas**uum**	bonorum
Dat.	cas**ui**	bono	cas**ibus**	bonis
Akk.	cas**um**	bonum	cas**us**[1]	bonos
Abl.	cas**u**	bono	cas**ibus**	bonis

1 Im Gen. Sg., im Nom. und Akk. Pl. wird die Endung -us mit langem u gesprochen (also casūs).

Wir haben als Stammauslaut also den Vokal **-u-**, daher auch die Bezeichnung u-Deklination.
Ein für uns neues Problem ist, dass wir im Nominativ Singular auf -us nicht erkennen können, ob ein Substantiv der o-Deklination (z. B. hortus) oder der u-Deklination (z. B. casus) angehört. Erst der Genitiv ordnet das Substantiv seiner Deklination zu (horti: o-Deklination, casus: u-Deklination). Lerne in Zukunft daher bei den Substantiven jeder Deklination immer die **Genitivendung** mit, z. B. casus, casūs (der Zufall)! Merke dir auch stets das Geschlecht!

Das grammatische Geschlecht der **u-Deklination** ist **maskulin.**

Wie du siehst, haben auch in der u-Deklination verschiedene Kasus gleiche Endungen: casus kommt gleich viermal vor. Auch hier gibt oft ein Adjektiv den entscheidenden Hinweis, welcher Kasus vorliegt:

Beispiele

cas**us** mal**us** Nom. Sg.
cas**us** mal**i** Gen. Sg. oder Nom. Pl.
cas**us** mal**os** Akk. Pl.

Ausnahmen

Auch bei der u-Deklination gibt es Ausnahmen von der Regel des grammatischen Geschlechts.

Feminina sind:

domus,-us (bona)	das Haus,
manus,-us (bona)	die Hand,
porticus,-us (bona)	die Säulenhalle.

Besonders aus der Reihe tanzt domus: es ist nicht nur feminin statt maskulin, sondern hat auch noch drei Kasus aus der o-Deklination übernommen. Suche sie aus folgendem Schema heraus und umkringle sie!

Ausnahme: domus, -us

	Singular		Plural	
Nom.	domus	bona	domus	bonae
Gen.	domus	bonae	domorum	bonarum
Dat.	domui	bonae	domibus	bonis
Akk.	domum	bonam	domos	bonas
Abl.	domo	bona	domibus	bonis

Nun kannst du schon vier Deklinationen! Stellen wir sie nun alle nebeneinander, damit du genau siehst, wo sie sich unterscheiden!
Ergänze dazu die folgende Tabelle mit den richtigen Substantivendungen und setze das Adjektiv bonus, -a, -um als Genus-Signal jeweils daneben! Zur Kontrolle kannst du in den Tabellen auf S. 19, 77 und 82 nachschauen. Wiederhole die Deklinationen gut, du musst sie sicher beherrschen!

Singular

	a-Deklination		o-Deklination		e-Deklination		u-Deklination	
Nom.	vill *a*	bon *a*	av *us*	bon *us*	re *s*	bon *a*	cas *us*	bon *us*
Gen.	vill ___	bon ___	av ___	bon ___	re ___	bon ___	cas ___	bon ___
Dat.	vill ___	bon ___	av ___	bon ___	re ___	bon ___	cas ___	bon ___
Akk.	vill ___	bon ___	av ___	bon ___	re ___	bon ___	cas ___	bon ___
Abl.	vill ___	bon ___	av ___	bon ___	re ___	bon ___	cas ___	bon ___

Plural

	a-Deklination		o-Deklination		e-Deklination		u-Deklination	
Nom.	vill ___	bon ___	av ___	bon ___	re ___	bon ___	cas ___	bon ___
Gen.	vill ___	bon ___	av ___	bon ___	re ___	bon ___	cas ___	bon ___
Dat.	vill ___	bon ___	av ___	bon ___	re ___	bon ___	cas ___	bon ___
Akk.	vill ___	bon ___	av ___	bon ___	re ___	bon ___	cas ___	bon ___
Abl.	vill ___	bon ___	av ___	bon ___	re ___	bon ___	cas ___	bon ___

Übung 45 Bestimme den Kasus der Substantive der u-Deklination und übersetze!

a) Marcus *metus* magnos habebat.

metus: ______________

____

b) Bonis *magistratibus* Cato *tumultum* malum vitabat.

magistratibus: ______________

tumultum: ______________

____

c) *Vultus* avi hodie severus erat.

vultus: ______________

____

d) *Impetus exercitus* periculosi incolae Romae bene prohibebant.

impetus: ______________

exercitus: ______________

____

e) Romani *principatum senatus* non timebant.

principatum: ______________

senatus: ______________

____

f) *Casus* mali domino magnas curas parabant.

casus: ____________________

____

g) Post *impetus exercitus* victoriam celebrabat.

impetus: ____________________

exercitus: ____________________

____

Übung 46 Zu welcher Deklination gehören folgende Substantive?
Stelle die Substantive zusammen, die derselben Deklination angehören, setze sie in den Genitiv und kennzeichne das Geschlecht durch bonus, -a, -um!

casus, meridies, exercitus, res, femina, fides, domus, spiritus, dies, periculum, agricola, acies, puer, ludus, usus, morbus, spes, ventus, porticus, gloria, modus, aquaeductus, campus.

a-Deklination	o-Deklination	e-Deklination	u-Deklination
			casus, casus, bonus

Römische Reiter in Paraderüstung bei einem Kampfspiel. Rekonstruktion nach einem Gemälde des berühmten antiken Künstlers Arrian. Militärische Übungen und Kampfspiele für die jungen Römer fanden oft auf dem Campus Martius (Marsfeld) vor Rom statt, dessen Name vom Kriegsgott Mars abgeleitet ist.

Übung 47 Es wird wieder einmal Zeit für ein Verbformen-Training. Die Übung mit der Tempusreihe ist dir schon bekannt: Setze also folgende Verbformen in alle Zeiten (Ind. und Konj.), die du bis jetzt gelernt hast, und übersetze jede Form!

Ind. Präs.	Konj. Präs.	Ind. Imperf.	Konj. Imperf.	Futur I
vident *sie sehen*				
ignoro				
das				
deliberatis				
complent				
optatis				
postulat				
rogamus				
estis				

24 Das Perfekt

Jetzt lernst du die **zweite Vergangenheit,** das Perfekt, kennen.
Das Imperfekt kennst du schon:

Imperfekt	1. Vergangenheit: ich lobte
Perfekt	2. Vergangenheit: ich habe gelobt

Den Stamm des Imperfekts hast du mit dem Präsensstamm und dem Imperfektsignal -ba- gebildet. Daran hast du die Personalendungen -m, -s, -t, -mus, -tis, -nt gefügt.
Zur Erinnerung: Der Präsensstamm eines Verbums zeigt, welcher Konjugation ein Verb angehört. Endet er auf -a (lauda-), handelt es sich um ein Verb der a-Konjugation, endet er auf-e (mone-), gehört das Verb zur e-Konjugation.

Das Perfekt bildest du mit dem Perfektstamm und den Personalendungen des Perfekts.

Perfekt: Perfektstamm + Perfekt-Personalendungen.

Der Indikativ Perfekt hat einige ungewohnte Endungen, die du dir eigens einprägen musst:

Personalendungen des Indikativ Perfekt: **-i, -isti, -it, -imus, -istis, -erunt**

Lerne diese Endungen auswendig! Ebenso gut musst du auch die Bildung des Perfektstammes beherrschen. Wie erhalten wir den Perfektstamm?

Der Indikativ Perfekt der a-Konjugation

Du fügst an den Präsensstamm ein **-v-** und schon hast du den Perfektstamm.

Perfektstamm der a-Konjugation: Präsensstamm + **-v-** laudare: lauda-v-

Beispiele

Infinitiv Präsens:	donare	ambulare
Präsensstamm:	dona-	ambula-
Perfektstamm:	dona-**v-**	ambula-**v-**

An den Perfektstamm hängst du dann die Personalendungen des Perfekts und schon kannst du die Verben der a-Konjugation im Perfekt konjugieren!

Indikativ Perfekt der a-Konjugation	
lauda-**v-i**	ich habe gelobt
lauda-**v-isti**	du hast gelobt
lauda-**v-it**	er, sie, es hat gelobt
lauda-**v-imus**	wir haben gelobt
lauda-**v-istis**	ihr habt gelobt
lauda-**v-erunt**	sie haben gelobt

Der Indikativ Perfekt der e-Konjugation

Unser Beispielwort für die e-Konjugation ist monere. Das Perfektsignal der e-Konjugation ist ein **-u-**. Dieses -u- ist „gefräßig“, es frisst den Stammauslaut -e- auf. Damit ist die Perfektform aber leichter zu sprechen.

Perfektstamm der e-Konjugation: Präsensstamm **ohne -e + -u-** monere: mon-u-

Beispiele

Infinitiv Präsens:	docere	arcere
Präsensstamm:	doce-	arce-
Perfektstamm:	doc-**u-**	arc-**u-**

An den Perfektstamm hängst du dann wieder die Personalendungen des Perfekts und schon kannst du auch die Verben der e-Konjugation im Perfekt konjugieren!

Indikativ Perfekt der e-Konjugation	
mon-**u-i**	ich habe gemahnt
mon-**u-isti**	du hast gemahnt
mon-**u-it**	er, sie, es hat gemahnt
mon-**u-imus**	wir haben gemahnt
mon-**u-istis**	ihr habt gemahnt
mon-**u-erunt**	sie haben gemahnt

Ausnahmen

Die meisten Verben der a- und e-Konjugation haben ein regelmäßiges Perfekt. Es gibt jedoch drei Verben der e-Konjugation, die sich mehr zur a-Konjugation hingezogen fühlen: Sie bilden ein v-Perfekt:

Verben der e-Konjugation mit v-Perfekt		
complere	comple-**v**-i	füllen
delere	dele-**v**-i	zerstören
flere	fle-**v**-i	weinen

Schreibe dir in Zukunft nach dem Indikativ und der 1. Person Präsens immer auch den Perfektstamm eines Verbums auf dein Vokabelkärtchen und präge sie dir beim Lernen mit ein. Halte dabei folgende Reihenfolge ein:

laudare, laudo, laudavi: loben
monere, moneo, monui: mahnen
complere, compleo, complevi: füllen

Später kommt dazu noch das Partizip Perfekt Passiv (laudatus, -a, -um: gelobt, monitus, -a, -um: gemahnt, completus, -a, -um: gefüllt), kurz PPP, als letzte Stammform. Wenn du dir von Anfang an angewöhnst, die Verben mit diesen „Stammformen" zu lernen, wirst du dir später mit den unregelmäßigen Verben leichter tun.

Zusammenfassend nochmals die zwei wichtigsten Fragen, die wir uns bei der Perfektbildung stellen müssen:

1. Welcher **Konjugation**, a- oder e-Konjugation, gehört das Verbum an?
   Präsensstamm auf **-a** (laudare: lauda-): a-Konjugation
   Präsensstamm auf **-e** (monere: mone-): e-Konjugation

2. Welches **Perfektsignal** ergibt sich daraus?
   bei **a**-Konjugation: **v-** Perfekt
   bei **e**-Konjugation: **u-**Perfekt

Das Perfekt beim Verb „esse“

Es fehlt uns noch der Perfektstamm von esse. Er lautet **fu-**.

Perfektstamm von esse: fu-

Wenn wir den Perfektstamm mit den Personalendungen, die wir schon kennen, verbinden, ergeben sich für den Indikativ Perfekt folgende Formen:

Indikativ Perfekt von esse

fu-i	ich bin gewesen
fu-isti	du bist gewesen
fu-it	er, sie, es ist gewesen
fu-imus	wir sind gewesen
fu-istis	ihr seid gewesen
fu-erunt	sie sind gewesen

Der Infinitiv Perfekt

Um den Infinitiv Perfekt zu erhalten, wird an den Perfektstamm die Infinitiv-Perfekt-Endung **-isse** angehängt:

Infinitiv Perfekt: Perfektstamm + **-isse** laudare: lauda-v-isse

Beispiele

lauda-**v-isse**	gelobt zu haben
mon-**u-isse**	gemahnt zu haben
fu-isse	gewesen zu sein

Übung 48 Bilde den Perfektstamm von folgenden Verben!

a) agitare ________________

b) oppugnare ________________

c) collocare ________________

d) amare ________________

e) cantare ______________________

f) onerare ______________________

Übung 49 Setze diese Verben nun lateinisch und deutsch in die 2. Person Singular und in die 2. Person Plural!

a) agitare 2. Pers. Sg.: agitavisti 2. Pers. Pl.: ______________
du hast gehandelt ______________

b) oppugnare 2. Pers. Sg.: ______________ 2. Pers. Pl.: ______________
______________ ______________

c) collocare 2. Pers. Sg.: ______________ 2. Pers. Pl.: ______________
______________ ______________

d) amare 2. Pers. Sg.: ______________ 2. Pers. Pl.: ______________
______________ ______________

e) cantare 2. Pers. Sg.: ______________ 2. Pers. Pl.: ______________
______________ ______________

f) onerare 2. Pers. Sg.: ______________ 2. Pers. Pl.: ______________
______________ ______________

Übung 50 Bilde den Perfektstamm von folgenden Verben!

a) arcere ______________________

b) studere ______________________

c) terrere ______________________

d) valere ______________________

e) debere ______________________

f) retinere ______________________

Übung 51 Schreibe die lateinische Übersetzung folgender Ausdrücke in die entsprechende Lücke! Die Buchstaben in den blauen Kästchen ergeben das Lösungswort.

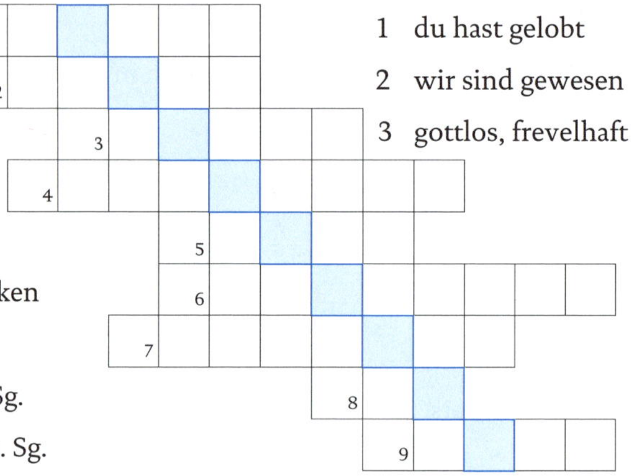

1 du hast gelobt
2 wir sind gewesen
3 gottlos, frevelhaft
4 sie haben gemahnt
5 Gold: Nom. Sg.
6 ihr werdet schenken
7 ihr schreit laut
8 Großvater: Abl. Sg.
9 Tor, Pforte: Nom. Sg.

Lösungswort: ______________________

Übersetzung: ______________________

Übung 52 Setze folgende Verbformen ins Perfekt! Achte dabei auf das jeweilige Perfektsignal: -v- in der a-Konjugation, -u- in der e-Konjugation!

a) celebramus ______________________
b) arcent ______________________
c) speratis ______________________
d) servo ______________________
e) adhibes ______________________
f) ornant ______________________
g) sacrificatis ______________________
h) placent ______________________
i) terres ______________________
j) pares ______________________
k) superant ______________________

Gefeiert wurde in Rom besonders anlässlich von großen Siegen oder bei Einweihungen bedeutender Bauwerke. Um 80 n. Chr. erbauten die Kaiser aus dem Haus der Flavier das Amphitheatrum Flavium, später Kolosseum genannt. Es bildet ein Oval von rund 190 m Länge und 155 m Breite. Die cavea, der Zuschauerraum, der 50000 Zuschauern Platz bot, wurde bei Veranstaltungen von einem Zeltdach überspannt.

Übung 53 Bilde zunächst den Präsensstamm, dann den Perfektstamm der angegebenen Verben, füge dann die entsprechende Perfektendung an und übersetze die so gewonnenen Formen!

Ind. Präs.	Präs.stamm	Perf.stamm	Perf.form	Übersetzung
celebramus	celebra-	celebra-v-	celebravimus	wir haben gefeiert
arcet				
speratis				
servo				
adhibes				
ornas				
sacrificat				
placet				
compleo				
terreo				
paremus				
aedificant				

Übung 54 Schreibe im Anschluss an die Perfektformen aus Übung 53 die entsprechende Perfektform von esse und übersetze sie.

celebravimus: fuimus: wir sind gewesen

a) ______

b) ______

c) ______

d) ______

e) ______

f) ______

g) ______

h) ______

i) ______

j) ______

k) ______

Die römische Bautechnik war hoch entwickelt. Davon kann man sich anhand der vielen hervorragend erhaltenen Bauwerke überzeugen. Beim Bauen wurden bereits in der Antike Geräte wie z. B. Baukräne eingesetzt. Hier im Modell der Bau des Haupttores des Legionslagers castra Regina (Regensburg), der so genannten porta praetoria.

25 Der Konjunktiv Perfekt

Die beiden Aussageweisen (Modi) Indikativ und Konjunktiv haben wir abgesehen vom Futur in jeder Zeit. So auch im Perfekt.
Wieder gilt es einige Bausteine aneinander zu reihen: Der Konjunktiv Perfekt besteht aus dem Perfektstamm, dem Signal für den Konjunktiv Perfekt **-eri-** sowie den Personalendungen, die du schon vom Imperfekt kennst.

Konjunktiv Perfekt: Perfektstamm + **-eri-** monere: mon-u-eri-

Beispiel

laudare	loben
lauda-	Präsensstamm
lauda-v-	Perfektstamm
lauda-v-**eri-**	Signal für Konjunktiv Perfekt
lauda-v-**eri-m**	Personalendung

Konjunktiv Perfekt

a-Konjugation	e-Konjugation	esse
lauda-v-**eri**-m	monu-**eri**-m	fu-**eri**-m
lauda-v-**eri**-s	monu-**eri**-s	fu-**eri**-s
lauda-v-**eri**-t	monu-**eri**-t	fu-**eri**-t
lauda-v-**eri**-mus	monu-**eri**-mus	fu-**eri**-mus
lauda-v-**eri**-tis	monu-**eri**-tis	fu-**eri**-tis
lauda-v-**eri**-nt	monu-**eri**-nt	fu-**eri**-nt

Wann verwenden wir den Konjunktiv Perfekt?
Während der Konjunktiv Präsens im Lateinischen einen Wunsch signalisiert und der Konjunktiv Imperfekt eine irreale bloße Vorstellung, hat der Konjunktiv Perfekt keine rechte eigene Bedeutung, er ist gewissermaßen neutral. Aber gewisse Satzanfänge fordern im Lateinischen unbedingt den Konjunktiv, wo im Deutschen statt dessen Indikativ gesetzt wird.
Diese Satzanfänge musst du dir gut einprägen!

Satzanfänge, die den Konjunktiv fordern

1) **cum** als, weil

2) **Fragewörter**, die einen Nebensatz einleiten (indirekter Fragesatz), z. B.
ubi wo
quo wohin
quomodo wie
cur warum

Beispiele

laudavi
ich habe gelobt
cum laudav**eri**m
als ich gelobt habe

monuistis
ihr habt gemahnt
cum monu**eri**tis
als ihr gemahnt habt

Avus in Germania habitavit.
Der Großvater hat in Germanien gewohnt.
Narra mihi, **ubi** avus habitav**eri**t.
Erzähl mir, wo der Großvater gewohnt hat!

Puellae pulchre (schön) cantaverunt.
Die Mädchen haben schön gesungen.
Narra, **quomodo** puellae cantav**eri**nt.
Erzähl, wie die Mädchen gesungen haben!

Puer equum monuit.
Der Knabe hat das Pferd ermahnt.
Narra, **cur** puer equum monu**eri**t.
Erzähl, warum der Knabe sein Pferd ermahnt hat!

Hast du bemerkt, dass im Deutschen immer der Indikativ steht? Der Konjunktiv wäre in diesen Sätzen im Deutschen falsch.

Übung 55 Setze folgende Präsensformen ins Perfekt! Beachte, welcher Modus jeweils vorliegt!

a) renovant ______________________________

b) exerceas ______________________________

c) prohibeatis ______________________________

d) toleramus ______________________________

e) laborare ______________________________

f) sim ______________________________

g) moneas ______________________________

h) habet ______________________________

i) timeam ______________________________

j) vituperes ______________________________

k) monstret ______________________________

l) noceat ______________________________

m) superetis ______________________________

n) sitis ______________________________

Übung 56 Fülle die Lücken bei folgenden Perfektformen!

a) cum lauda ______ m

b) cum mon ______ s

c) ignoro, cur me lauda ______ t

d) ignoro, cur me mon ______ tis

e) ignoro, cur te lauda ______ mus

f) cum lauda ______ nt

g) cum fu ______ s

h) cum lauda ______ t

i) lauda ______ isti

j) lauda ______ istis

k) cum lauda ______ tis

l) cum mon ______ nt

m) mon ______ erunt

n) mon ______ isti

o) cum mon ______ s

Übung 57 Setze folgende Verbformen in alle Zeiten und Modi (Indikativ und Konjunktiv), die du bisher gelernt hast und übersetze sie! Im Konjunktiv Perfekt stellst du ein cum (als) vor die jeweilige Verbform.

	Indikativ	Konjunktiv
Präsens	ignorat er weiß nicht	
Imperfekt		
Futur I		
Perfekt		cum

	Indikativ	Konjunktiv
Präsens	donas	
Imperfekt		
Futur I		
Perfekt		

	Indikativ	Konjunktiv
Präsens	deliberant	
Imperfekt		
Futur I		
Perfekt		

	Indikativ	Konjunktiv
Präsens	opto	
Imperfekt		
Futur I		
Perfekt		

	Indikativ	Konjunktiv
Präsens	postulatis	
Imperfekt		
Futur I		
Perfekt		

	Indikativ	Konjunktiv
Präsens	sumus	
Imperfekt		
Futur I		
Perfekt		

Übung 58 Bestimme in den folgenden Sätzen die wichtigsten Signale, die Wortendungen, und übersetze dann den Satz!

Tullius: „Germani ministri fidi dominorum suorum sunt."

Tullius: Nom. Sg.; Germani: Nom. Pl.; ministri: Nom. Pl.;
fidi: Nom. Pl.; dominorum: Gen. Pl.; suorum: Gen. Pl.;
sunt: 3. Pers. Pl. Indikativ Präsens
Tullius meint: „Die Germanen sind treue Diener ihrer Herrn."

a) Etiam copias nostras multi Germani compleverunt.

b) Rogemus virum Germanicum de patria sua misera!

c) Germanus narrat.

d) „Patria mea numquam praeclara aedificia et vias latas Romae habebit."

Gewaltige und noch heute beeindruckende Monumente sind die teilweise gut erhaltenen römischen Wasserleitungen, hier der Pont du Gard bei Nîmes. Leistungsfähige Aquaedukte waren die Grundlage für die Versorgung der Großstädte und für die römische Thermenkultur.

Übung 59 Die verschiedenen Deklinationen musst du gut auseinander halten können, damit du beim Übersetzen richtig abfragen kannst!

Wir kennen	die **a**-Deklination:	femina, feminae,
	die **o**-Deklination:	avus, avi,
	die **e**-Deklination:	res, rei
und	die **u**-Deklination:	casus, -us.

Weißt du noch das grammatische Geschlecht der einzelnen Deklinationen?

Teste dich!
Ergänze zu den folgenden Substantiven je nach ihrem Geschlecht bonus, bona oder bonum!

a) hortus ____________ e) villa ____________

b) imperium ____________ f) res ____________

c) ager ____________ g) vir ____________

d) exercitus ____________

Übung 60 Dekliniere!

	Singular		Plural
Nom.	res	publica	
Gen.			
Dat.			
Akk.			
Abl.			

	Singular		Plural
Nom.	puer	bonus	
Gen.			
Dat.			
Akk.			
Abl.			

	Singular		Plural
Nom.	casus	malus	
Gen.			
Dat.			
Akk.			
Abl.			

	Singular		Plural
Nom.	villa	clara	
Gen.			
Dat.			
Akk.			
Abl.			

26 Das Plusquamperfekt

Das Plusquamperfekt ist die **dritte Vergangenheit.**
Die Vergangenheit kann man sich treppenartig abgestuft vorstellen, man kann zwei Stufen hinuntersteigen:

Die Grammatik unterscheidet:

1. Stufe	1. Vergangenheit	Imperfekt	ich lobte
	2. Vergangenheit	Perfekt	ich habe gelobt
2. Stufe	3. Vergangenheit	Plusquamperfekt	ich **hatte** gelobt

Die Verwendung des Plusquamperfekts soll an folgenden Beispielen klar werden:

Beispiele

Ich fuhr (Imperfekt) in die Stadt, aber vorher **hatte** ich Kaffee **getrunken** (Plusquamperfekt).
Erst trank ich Kaffee, dann fuhr ich in die Stadt.

Ich schrieb (Imperfekt) eine gute Schulaufgabe in Latein, weil ich fleißig **gewesen war** (Plusquamperfekt).
Zuerst war ich fleißig, dann schrieb ich eine gute Schulaufgabe.

Was stellen wir fest?
Das Plusquamperfekt bezeichnet eine Handlung, die in der Vergangenheit bereits abgeschlossen war, bevor eine andere (ebenfalls in der Vergangenheit) begonnen hat. Es drückt also **Vorzeitigkeit** zum Perfekt und Imperfekt aus.

Nun zur Konstruktion des Plusquamperfekts im Lateinischen:

Der Indikativ Plusquamperfekt

Wir nehmen zur Bildung des Plusquamperfekts den Perfektstamm (lauda-v-, und mon-u-) und hängen an diesen den Plusquamperfektstamm **-era-** und die Personalendungen an, also insgesamt die Endungen
-eram, -eras, -erat, -eramus, -eratis, -erant.

Diese Endungen sehen aus wie das Imperfekt von esse.

Plusquamperfektstamm: Perfektstamm + **-era-** monere: mon-u-era-

Das Plusquamperfekt sieht dann bei laudare folgendermaßen aus:

Indikativ Plusquamperfekt	
lauda-v-**era**-m	ich hatte gelobt
lauda-v-**era**-s	du hattest gelobt
lauda-v-**era**-t	er, sie, es hatte gelobt
lauda-v-**era**-mus	wir hatten gelobt
lauda-v-**era**-tis	ihr hattet gelobt
lauda-v-**era**-nt	sie hatten gelobt

Bilde nun selbst die Plusquamperfektformen von monere und esse! Das geht ganz leicht!

Indikativ Plusquamperfekt			
monere		esse	
monu-era-m	ich hatte gemahnt	fu-era-m	ich war gewesen

Schau dir an folgendem Beispiel noch einmal an, wie das Plusquamperfekt verwendet wird!

Beispiel

Augustus Antonium supera**verat**, tum Romani virum firmum imperatorem appellabant.
Augustus hatte den Antonius besiegt, daraufhin nannten die Römer den starken Mann Kaiser.

Der Konjunktiv Plusquamperfekt

Im Deutschen bilden wir aus dem Indikativ Plusquamperfekt den Konjunktiv Plusquamperfekt, indem wir die so genannten zwei Umlautstriche über das -a- von „hatte“ oder „war“ setzen: ich hatte/ich **hätte,** ich war/ich **wäre:**

Indikativ	Konjunktiv
ich hatte Kaffee getrunken ich hatte das Gewehr geladen der Bürgermeister war gestorben ich hatte die Schulaufgabe geschrieben	ich **hätte** Kaffee getrunken ich **hätte** das Gewehr geladen der Bürgermeister **wäre** gestorben ich **hätte** die Schulaufgabe geschrieben

Die lateinischen Endungen für den Konjunktiv Plusquamperfekt kannst du am folgenden Beispiel ablesen, dem wir diesmal esse zugrunde legen. Wieder treten die Endungen an den Perfektstamm:

Konjunktiv Plusquamperfekt von esse

fu-**isse**-m	ich wäre gewesen
fu-**isse**-s	du wärst gewesen
fu-**isse**-t	er, sie, es wäre gewesen
fu-**isse**-mus	wir wären gewesen
fu-**isse**-tis	ihr wäret gewesen
fu-**isse**-nt	sie wären gewesen

Wenn du nun vorne den Perfektstamm und hinten die Personalendung abtrennst, bleibt in der Mitte das Signal für den Konjunktiv Plusquamperfekt, nämlich **-isse-**, übrig.

Konjunktiv-Plusquamperfekt-Stamm: Perfektstamm + **-isse-**	monere: mon-u-isse-

Jetzt ist es für dich sicher nicht schwer, lateinisch und deutsch den Konjunktiv Plusquamperfekt von laudare und monere zu bilden. Ergänze!

Konjunktiv Plusquamperfekt	
laudare	monere
lauda-v-issem ich hätte gelobt	mon-u- ich

Die Verwendung des Konjunktivs

Der Konjunktiv Plusquamperfekt dient erfreulicherweise im Deutschen und Lateinischen demselben Zweck.

Beispiel

Fu**isse**m in urbe, sed non fui.
Ich wäre in der Stadt gewesen, war es aber nicht.

Wie der Konjunktiv Imperfekt drückt der Konjunktiv Plusquamperfekt keine wirklich geschehene Handlung aus, sondern nur eine vorgestellte, eine **Vorstellung.** Häufig ist eine solche Vorstellung mit einem Wenn-Satz verbunden, der die fehlende Voraussetzung für den Hauptsatz beschreibt.

Beispiele

In oppido fu**isse**m, si tempus habu**isse**m.
Ich wäre in der Stadt gewesen, wenn ich Zeit gehabt hätte.

In horto ambulav**isse**m, nisi in villa laborav**isse**m.
Ich wäre im Garten spazieren gegangen, wenn ich nicht im Haus gearbeitet hätte.

Schauen wir uns nun die besondere Bedeutung der drei wichtigen Konjunktive im Zusammenhang an (den Konjunktiv Perfekt können wir hier beiseite lassen, er tritt bisher nur nach cum [als] auf: spectavi – ich habe gesehen, cum spectaverim – als ich gesehen habe).

Die Verwendung des Konjunktivs		
Präsens	Der Konjunktiv Präsens drückt einen **Wunsch** aus: **mögen** wir / **hoffentlich** tun wir.	Superemus inimicos. Hoffentlich besiegen wir die Feinde!
Imperfekt	Der Konjunktiv Imperfekt drückt eine nicht wirkliche Handlung, eine bloße **Vorstellung** für die **Gegenwart** aus: wir **würden.**	Ambularemus in horto. Wir würden im Garten spazieren gehen.
Plusquam-perfekt	Der Konjunktiv Plusquamperfekt drückt eine bloße **Vorstellung** für die **Vergangenheit** aus: wir **wären gewesen / hätten getan.**	In oppido fuissem. Ich wäre in der Stadt gewesen.

Übung 61 Setze folgende Verformen in den Konjunktiv! Achte dabei auf die jeweilige Zeitstufe! Übersetze dann die Konjunktivformen ins Deutsche!

a) terres ______________________

b) ambulas ______________________

c) tenebant ______________________

d) paruerat ______________________

e) parabamus ______________________

f) superaveratis ______________________

g) administrabam ______________________

h) prohibent ______________________

i) specto ______________________

j) oppugnaveramus ______________________

k) expugnatis ______________________

l) delebas ______________________

m) habebas ______________________

n) properaverat ______________________

o) dant ______________________

p) eratis ______________________

Übung 62 Bilde die Tempusreihe (die Formen aller gelernten Zeiten)!

	Indikativ	Konjunktiv
Präsens	ambulatis *ihr geht spazieren*	
Imperfekt		
Futur I		X
Perfekt		
Plusquam-perfekt		

	Indikativ	Konjunktiv
Präsens	times	
Imperfekt		
Futur I		X
Perfekt		
Plusquam-perfekt		

Übung 63 Nun wieder einmal eine längere Übersetzung aus dem Deutschen ins Lateinische zum Training.

a) Als Augustus Antonius besiegt hatte, nannten die Römer den starken Mann Kaiser.

Augustus (30 v. Chr. – 14 n. Chr.), Vatikanische Bibliothek.

b) Die Römer wählten Augustus (zum) Priester und Konsul (Akk.).

c) Der Kaiser Augustus hatte (als) Konsul (Nom.) den Staat verwaltet.

d) Als ich die Gäste begrüßt hatte, spazierte ich mit den Freunden durch den schönen Garten und das geräumige Haus.

e) Wenn die Gallier Rom belagern würden, würden den Bewohnern der Stadt große Gefahren drohen.

f) Mögen die Götter Vater und Mutter immer Gesundheit (Wohlergehen) schenken!

g) Der Vater würde mir ein Pferd schenken, wenn er viel Geld hätte.

h) Hoffentlich sind meine Freunde immer glücklich!

i) Wenn wir gestern zu Hause gewesen wären, hätten wir die lieben Gäste begrüßt.

j) Es ist die Aufgabe der Konsuln, das Heil des Staates zu besorgen.

k) Ohne dich würde uns das Leben nicht mehr freuen.

l) Wenn du mich auf dem Forum plötzlich gesehen hättest, hättest du geschrien.

m) Ich eile oft zu Großvater, damit er mir gute Ratschläge gibt, denn er ist ein erfahrener Mann.

n) Ich besuchte den Arzt, damit er mir Gesundheit schenkte.

27 Die 3. Deklination

Fast alle Lateinbücher behandeln die 3. Deklination als letzte, erst nach der 4. oder 5. Deklination. Das hat seinen Grund: Ihr gehören die meisten lateinischen Substantive an und sie ist reichlich vielfältig. Aber das wird für uns keine Schwierigkeit sein.
Schau dir die Deklination unserer Beispielworte orator, oratoris, m. (Redner) und agmen, agminis, n. (Heereszug) genau an!

Die 3. Deklination

	Singular		Plural	
Nom.	orator	bonus	orator**es**	boni
Gen.	orator**is**	boni	orator**um**	bonorum
Dat.	orator**i**	bono	orator**ibus**	bonis
Akk.	orator**em**	bonum	orator**es**	bonos
Abl.	orator**e**	bono	orator**ibus**	bonis
	Singular		**Plural**	
Nom.	agmen	bonum	agmin**a**	bona
Gen.	agmin**is**	boni	agmin**um**	bonorum
Dat.	agmin**i**	bono	agmin**ibus**	bonis
Akk.	agmen	bonum	agmin**a**	bona
Abl.	agmin**e**	bono	agmin**ibus**	bonis

Die Kasusendungen der 3. Deklination musst du dir gut merken!

Kasusendungen der 3. Deklination

<table>
<tr><th rowspan="2"></th><th colspan="2">Singular</th><th colspan="2">Plural</th></tr>
<tr><th>mask./fem.</th><th>neutr.</th><th>mask./fem.</th><th>neutr.</th></tr>
<tr><td>Nom.</td><td colspan="2">-</td><td>-es</td><td>-a</td></tr>
<tr><td>Gen.</td><td colspan="2">-is</td><td colspan="2">-um</td></tr>
<tr><td>Dat.</td><td colspan="2">-i</td><td colspan="2">-ibus</td></tr>
<tr><td>Akk.</td><td>-em</td><td>-</td><td>-es</td><td>-a</td></tr>
<tr><td>Abl.</td><td colspan="2">-e</td><td colspan="2">-ibus</td></tr>
</table>

Die Kasusendungen werden, wie du weißt, an den **Stamm** der Substantive angehängt. Den Stamm kannst du dir immer vom **Genitiv Singular** ableiten: Wenn du die Genitivendung -is wegnimmst, hast du den bloßen Stamm des Substantivs. Lerne deshalb bei allen Substantiven den Genitiv mit!

Stamm des Substantivs: Genitiv ohne Genitivendung **-is** urbs, urb-is: urb-

Beispiele

agger, aggeris	der Damm
agger-	Stamm
sidus, sideris	der Stern
sider-	Stamm
urbs, urbis	die Stadt
urb-	Stamm
eques, equitis	der Reiter
equit-	Stamm
oratio, orationis	die Rede
oration-	Stamm

Nun beherrschst du alle Deklinationen der lateinischen Sprache. Die 3. Deklination ist die umfangreichste. Sie zerfällt in eine Reihe von Untergruppen, die sich jeweils aus Substantiven mit gleichem Stamm zusammensetzen, z. B.
die Substantive auf -or,-oris (orator, oratoris: der Redner),
die Substantive auf -as,-atis (aestas, aestatis: der Sommer) oder
die Substantive auf -men,-minis (carmen, carminis: das Lied).

Die einzelnen Untergruppen haben jeweils ein bestimmtes grammatisches Geschlecht, das man sich merken muss, z. B. sind die Substantive auf -o, -inis feminin (imago pulchra, das schöne Bild) oder die Substantive auf -men,-minis neutral (carmen pulchrum, das schöne Lied).

Fast in jeder Gruppe gibt es Ausnahmen von der Regel des grammatischen Geschlechts. Da aber trotz aller Vielfalt die Kasusendungen immer dieselben sind, ist die Beherrschung der 3. Deklination für dich nicht schwer.
Wir fassen nun die Gruppen mit dem jeweils gleichen Geschlecht zusammen.

Die Maskulina der 3. Deklination

Zunächst lernen wir die Gruppe der Maskulina. In folgender Tabelle siehst du die Merkmale der männlichen Substantive der 3. Deklination:

Gruppensignale der Maskulina der 3. Deklination	
orator, oratoris – der Redner	Gruppe auf **-or, -oris**
sal, salis – das Salz	Gruppe auf **-l, -lis**
mos, moris – der Brauch, die Sitte	Gruppe auf **-os, -oris**
agger, aggeris – der Damm	
pater, patris – der Vater	Gruppe auf **-er, -(e)ris**
eques, equitis – der Reiter	Gruppe auf **-es, -itis**

Diese Gruppensignale lernst du am besten auswendig!
-or/-oris, -l/-lis, -os/-oris, -er/-(e)ris, -es/-itis

Besonders aufpassen musst du bei den **r-Stämmen,** also Stämmen, die auf -r auslauten (z. B. agger), denn auch in der o-Deklination gibt es Substantive, die auf -r auslauten (z. B. puer). Der Genitiv der o-Deklination lautet -i, der Genitiv der 3. Deklination aber -is. Du siehst also, wie wichtig es ist, den Genitiv mitzulernen, also
puer, pueri (der Knabe),
agger, aggeris (der Damm).

Wir wollen hier alle oben genannten Substantive mit dem Signalwort für das Geschlecht bonus, bona, bonum durchdeklinieren, um in der neuen Deklination möglichst schnell sicher zu werden:

Beispiele

-or, -oris	Singular		Plural	
Nom.	orator	bonus	oratores	boni
Gen.	oratoris	boni	oratorum	bonorum
Dat.	oratori	bono	oratoribus	bonis
Akk.	oratorem	bonum	oratores	bonos
Abl.	oratore	bono	oratoribus	bonis

-l, -lis	Singular		Plural	
Nom.	consul	bonus	consules	boni
Gen.	consulis	boni	consulum	bonorum
Dat.	consuli	bono	consulibus	bonis
Akk.	consulem	bonum	consules	bonos
Abl.	consule	bono	consulibus	bono

-os, -oris	Singular		Plural	
Nom.	mos	bonus	mores	boni
Gen.	moris	boni	morum	bonorum
Dat.	mori	bono	moribus	bonis
Akk.	morem	bonum	mores	bonos
Abl.	more	bono	moribus	bonis

-er, -eris	Singular		Plural	
Nom.	agger	bonus	aggeres	boni
Gen.	aggeris	boni	aggerum	bonorum
Dat.	aggeri	bono	aggeribus	bonis
Akk.	aggerem	bonum	aggeres	bonos
Abl.	aggere	bono	aggeribus	bonis

-er, -ris	Singular		Plural	
Nom.	pater	bonus	patres	boni
Gen.	patris	boni	patrum	bonorum
Dat.	patri	bono	patribus	bonis
Akk.	patrem	bonum	patres	bonos
Abl.	patre	bono	patribus	bonis

-es, -itis	Singular		Plural	
Nom.	eques	bonus	equites	boni
Gen.	equitis	boni	equitum	bonorum
Dat.	equiti	bono	equitibus	bonis
Akk.	equitem	bonum	equites	bonos
Abl.	equite	bono	equitibus	bonis

Ausnahmen

Feminina: Wir haben bei den maskulinen Gruppen einige Begriffe für Frauen, die trotz der männlichen Gruppensignale feminines Geschlecht haben: Sie haben **natürliches Geschlecht.**

arbor, arboris (bona)	der Baum (die Römer dachten sich die Bäume von weiblichen Baumnymphen bewohnt, daher sind alle Bäume weiblich)
uxor, uxoris (bona)	die Gattin
soror, sororis (bona)	die Schwester
tellus, telluris (bona)	die Erde (früher tellos, telloris)
mater, matris (bona)	die Mutter
mulier, mulieris (bona)	die Frau

Neutra: Einige Substantive sind neutral. Sie bilden **echte Ausnahmen:**

aequor, aequoris (bonum)	das Meer
os, oris (bonum)	der Mund
iter, itineris (bonum)	die Reise
ver, veris (bonum)	der Frühling

Übung 64 Setze bei folgenden Substantiven die richtige Kasusendung ein, die du am beigefügten Adjektiv abliest! Achte darauf, welcher Deklination das Substantiv angehört!

a) matr ________ bonarum

b) tellur ________ bonae

c) re ________ publicis

d) impet ________ primum

e) die ________ festorum

f) orator ________ severis

g) man ________ dextram

h) imperator ______ peritis

i) consul ________ praeclari

j) mercator ______ mortuum

k) aequor ________ lata

l) cum soror _____ cara

m) sal__________ album

n) die__________ festis

o) patr__________ meum

p) sol__________ calido

q) maior________ antiqui

r) foss__________ latam

s) consul________ perito

t) morb________ ignotorum

u) uxor__________ bonam

Römische Matrone. Als vorbildliche Ehefrau galt bei den Römern eine Frau, die pflichtbewusst und sparsam den Haushalt führte, die Kinder sorgsam erzog und ihrem Mann treu ergeben war.
Statue einer Verstorbenen; 1. bis 3. Jh. , Aquileia, Archäologisches Museum.

Übung 65 Nenne noch einmal die maskulinen Gruppen der 3. Deklination. Du musst sie aufsagen können, ohne nachzuschlagen!

____

____

Übung 66 Welche Substantive dieser Gruppe sind feminin und warum?

____

____

____

Übung 67 Schreibe alle neutralen Ausnahmen aus der maskulinen Gruppe heraus und präge sie dir erneut ein!

____

____

Die Feminina der 3. Deklination

In der folgenden Tabelle sind die Merkmale der weiblichen Substantive der 3. Deklination aufgelistet:

Gruppensignale der Feminina der 3. Deklination	
oratio, orationis – die Rede	Gruppe auf **-o, -onis**
imago, imaginis – das Bild	Gruppe auf **-o, -inis**
aestas, aestatis – der Sommer	Gruppe auf **-as, -atis**
merces, mercedis – der Lohn	Gruppe auf **-es, -etis / -edis**
virtus, virtutis – die Tugend	Gruppe auf **-us, -utis**
dos, dotis – die Mitgift	Gruppe auf **-os, -otis**
trabs, trabis – der Balken	Gruppe auf **b/p/c** mit einem **-s im Nom.**

Merke dir wieder genau die Gruppensignale für die Feminina!
-o/-onis, -o/-inis, -as/-atis, -es/-etis, -os/-otis, -us/-utis, b/p/c + s

Dekliniere lateinisch imago pulchra (das schöne Bild) und aestas calida (der heiße Sommer)! Du fügst einfach an den Stamm, den du vom Genitiv abliest, die Endungen der dritten Deklination an! Wenn du dir noch unsicher bist, schau in der Deklinationstabelle auf S. 111 nach!

	Singular	Plural
Nom.	imago pulchra	imagines pulchrae
Gen.	imaginis	
Dat.		
Akk.		
Abl.		

	Singular	Plural
Nom.	aestas calida	
Gen.	aestatis	
Dat.		
Akk.		
Abl.		

Ausnahmen

Maskulina: Begriffe, die Männer bezeichnen, sind trotz femininer Gruppensignale maskulin. Sie sind Substantive mit **natürlichem Geschlecht.**

homo, hominis (bonus)	der Mensch (in der Antike galt nur der Mann als Vollmensch)
custos, custodis (bonus)	der Wächter
sacerdos, sacerdotis (bonus)	der Priester
dux, ducis (bonus)	der Führer
iudex, iudicis (bonus)	der Richter
princeps, principis (bonus)	der erste Mann, der Fürst
rex, regis (bonus)	der König
senex, senis (bonus)	der alte Mann

Die folgenden maskulinen Substantive sind **echte Ausnahmen,** d. h. solche, die nicht natürlich sind:

leo, leonis (bonus)	der Löwe
sermo, sermonis (bonus)	das Gespräch
ordo, ordinis (bonus)	die Ordnung
pes, pedis (bonus)	der Fuß
grex, gregis (bonus)	die Herde

Übung 68 Setze folgende lateinische Ausdrücke in den angegebenen Kasus!

a) imago clara (das berühmte Bild); Dat. Sg.:

____

b) oratio grata (eine angenehme Rede); Dat. Pl.:

____

c) mos iustus (ein gerechter Brauch); Gen. Pl.:

____

d) flos pulcher (die schöne Blume); Akk. Sg.:

____

e) honos magnus (eine große Ehre); Dat. Pl.:

____

f) oratio clara (die berühmte Rede); Nom. Pl.:

___

g) os parvum (ein kleiner Mund); Nom. Pl.:

___

h) oratio longa (eine lange Rede); Gen. Sg.:

___

i) imago varia (ein buntes Bild); Abl. Sg.:

___

j) aetas mala (eine böse Zeit); Akk. Sg.:

___

k) frater meus (mein Bruder); Nom. Pl.:

___

l) dos praeclara (eine glänzende Mitgift); Akk. Sg.:

___

m) magna porta (das große Tor); Akk. Pl.

___

___

n) virtus antiqua (alte Tugend); Abl. Sg.:

___

___

o) honos gratus (eine willkommene Ehre); Dat. Pl.:

___

___

Die Porta Nigra in Trier. Trier erhielt am Ende des 2. Jhs eine Stadtmauer, deren nördliches Haupttor die Porta Nigra war. Dieses monumentalste Beispiel eines römischen Stadttors wurde im Mittelalter zur Kirche des Simeonsklosters umgebaut.

p) os magnum (ein großer Mund); Abl. Pl.:

____

Übung 69 Bearbeite folgende Sätze, indem du zunächst
- alle Substantive mit Adjektiven (S+A) unterstreichst und die Übersetzung für den jeweiligen Ausdruck aufschreibst,
- alle Verbformen (V) bestimmst und diese dann übersetzt!

Dann übersetze die Sätze (Ü)!

a) Cum ante nonnullos dies per aequor vastum navigaremus, subito venti adversi advolaverunt.

S+A: ______________________________

____

V: ______________________________

____

Ü: ______________________________

____

____

b) Magnus metus nos complevit et cursum non iam tenebamus.

S+A: ______________________________

V: ______________________________

____

Ü: ______________________________

____

c) Titus, magister[1] peritus navigii, nos monuit, ut spem haberemus.

1 magister navigii: Kapitän

S+A: ______________________________

V: ______________________________

Ü: ______________________________

____

d) Cum undae altae nos undique terrerent, deos imploravimus: „Deorum est perniciem arcere. Utinam iam domi[2] essemus“.

2 domi: zu Hause

S + A: ______________________________

V: ______________________________

____

Ü: ______________________________

____

____

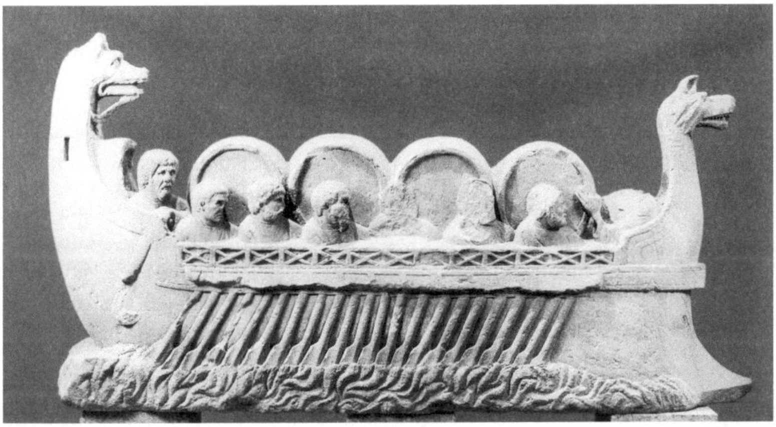

Weintransport in Fässern auf einem Ruderschiff. Skulptur vom Grabmal eines Weinhändlers in Neumagen an der Mosel. Trier, Landesmuseum.

e) Post paucas horas profecto portui tuto appropinquavimus.

S + A: ______________________________

____

V: ______________________________

____

Ü: ______________________________

____

Die Neutra der 3. Deklination

In der Tabelle siehst du die Merkmale der Neutra der 3. Deklination:

Gruppensignale der Neutra der 3. Deklination	
carmen, carminis – das Lied	Gruppe auf **-men, -minis**
litus, litoris – die Küste	Gruppe auf **-us, -oris**
sidus, sideris – der Stern	Gruppe auf **-us, -eris**

Merke dir auch die Gruppensignale für die Neutra genau!
-men/-minis, -us/-oris, -us/-eris

Denke bei allen Neutra immer daran, dass sie in Nominativ und Akkusativ stets die gleiche Form haben! Achte darauf in folgendem Deklinationsschema des Substantivs flumen (Fluss)!

	Singular		Plural	
Nom.	flumen	latum	flumina	lata
Gen.	fluminis	lati	fluminum	latorum
Dat.	flumini	lato	fluminibus	latis
Akk.	flumen	latum	flumina	lata
Abl.	flumine	lato	fluminibus	latis

Jetzt dekliniere selbst das Substantiv sidus, sideris (Stern) mit dem Adjektiv clarum (hell)!

	Singular		Plural	
Nom.	*sidus*	*clarum*	*sider-a*	
Gen.	*sider-is*			
Dat.				
Akk.				
Abl.				

Ausnahmen

Hurra! Bei den Neutra gibt es keine Ausnahmen!

Übung 70 Bilde zu den folgenden Substantiven jeweils den Genitiv Singular und kennzeichne den Stamm, indem du die Genitivendung jeweils mit einem Strich abtrennst! Setze dann zu den Substantiven je nach ihrem Geschlecht bonus, bona oder bonum und übersetze die Ausdrücke, auch wenn „bonus“ sinngemäß nicht zum Substantiv passt! Es ist hier nur ein grammatisches Signal für das Geschlecht jedes Substantivs.

pes ped/is bonus der gute Fuß

1) aestas ____________________

2) eques ____________________

3) timor ____________________

4) sal ____________________

5) agger ____________________

6) auctoritas ____________________

7) mulier ____________________

8) uxor ____________________

9) homo ____________________

10) imago ____________________

11) maiores ____________________

12) pecus ____________________

13) arbor ____________________

14) labor ____________________

15) aequor ____________________

16) iter ____________________

17) salus ____________________

18) virgo ____________________

19) pax ____________________

20) mos ____________________

21) quies ____________________

22) flos ____________________

23) os ____________________

24) ordo ____________________

25) ratio ____________________

26) tellus ____________________

27) sermo ____________________

28) regio ____________________

29) lex ____________________

30) rex ____________________

31) iudex ____________________

32) custos ____________________

Spätantikes Kastell. Auf den Mauern patroullieren Wachen.
Rekonstruktion nach einem römischen Kastell in Goldberg bei Türkheim, Lkr. Unterallgäu, 4./5. Jh. n. Chr.

28 Die i-Stämme der 3. Deklination

Nun wenden wir uns einer besonderen Gruppe der 3. Deklination zu, den so genannten i-Stämmen.
Den i-Stämmen gehören Substantive der 3. Deklination an, die ursprünglich nicht einen Konsonanten am Stammende hatten, sondern auf -i auslauteten. Dieser **Stammausgang -i** ist aber nur in ganz wenigen Kasusendungen erhalten.
Auch die i-Stämme können wir nach ihrem grammatischen Geschlecht in Gruppen einteilen: Zwei feminine Gruppen und die Neutra auf -e, -al, -ar.

Die Feminina der -i Stämme

Bei den Feminina der i-Stämme taucht das ehemalige -i nur noch im Genitiv Plural auf: **-i**um statt -um.
Abgesehen vom Genitiv Plural entsprechen die Endungen genau denen der dritten Deklination, die du schon kennst.

Besonderheit der Feminina der i-Stämme: **-ium** im **Gen. Pl.**

Zu den Feminina der i-Stämme gehören die so genannten gleichsilbigen Substantive auf **-es** und **-is**. Sie haben im Nominativ und Genitiv dieselbe Silbenzahl (meist zwei), z. B. nub**es**, nubis (die Wolke) oder nav**is**, navis (das Schiff).
Dazu kommen noch die Substantive mit der Endung **-s** im Nominativ und zwei oder mehreren Konsonanten am Stammende, z. B. a**rs**, a**rt**is (Stamm: a**rt**-, die Kunst), u**rbs**, u**rb**is (Stamm: urb-, die Stadt). oder a**rx**[1], a**rc**is (Stamm: arc-, die Burg) Merke dir am besten die angegebenen Beispielsubstantive!

Die Feminina der i-Stämme	
gleichsilbige Substantive auf -es und -is	nubes, nubis (Gen. Pl. nubium) navis, navis (Gen. Pl. navium)
Substantive mit der **Nominativendung -s und zwei oder mehr Konsonanten** am Stammende	ars, artis (Gen. Pl. artium) arx[1], arcis (Gen. Pl. arcium) urbs, urbis (Gen. Pl. urbium)

1 x entstand aus cs. Ursprünglich hieß das Wort arcs, arcis.

Dekliniere nun nubes atra, navis magna und arx alta!
Mit Ausnahme des **Genitivs Plural** folgen alle Kasus der dritten Deklination! Du musst also nur die enstprechenden Endungen an den Stamm fügen. Wenn du dir nicht mehr sicher bist, schau in der Deklinationstabelle der dritten Deklination auf S. 111 nach!

	Singular	Plural
Nom.	nubes atra	
Gen.	nub-	nub-ium
Dat.		
Akk.		
Abl.		

	Singular	Plural
Nom.	nav-is magna	
Gen.		
Dat.		
Akk.		
Abl.		

	Singular	Plural
Nom.	arx alta	
Gen.		
Dat.		
Akk.		
Abl.		

Ausnahmen

Wie üblich gibt es auch bei den Feminina der i-Stämme viele Ausnahmen:

Maskulina: Begriffe für Männer sind wie immer maskulin, haben also **natürliches Geschlecht:**

iuvenis, iuvenis bonus	der junge Mann
adulescens, adulescentis bonus	der junge Mann
parentes, parentium boni	die Eltern (im Lateinischen gilt: m. + f. = m.)

Die übrigen Ausnahmen sind **echte Ausnahmen,** auch sie sind diesmal alle maskulin:

fascis, fascis (bonus)	das Rutenbündel
finis, finis (bonus)	die Grenze
mensis, mensis (bonus)	der Monat
orbis, orbis (bonus)	der Kreis
dens, dentis (bonus)	der Zahn
fons, fontis (bonus)	die Quelle
mons, montis (bonus)	der Berg
pons, pontis (bonus)	die Brücke

Die Neutra auf -e, -al und -ar

Bei den Neutra auf -e, -al und -ar ist das **-i-** der i-Stämme öfter erhalten geblieben. Es erscheint in den Kasusendungen vier Mal.

Suche die für die 3. Deklination ungewöhnlichen **zusätzlichen vier -i-** im folgenden Deklinationsschema von mare latum (das weite Meer) und unterstreiche sie!

Die Neutra auf -e, -al und -ar

	Singular		Plural	
Nom.	mare	latum	maria	lata
Gen.	maris	lati	marium	latorum
Dat.	mari	lato	maribus	latis
Akk.	mare	latum	maria	lata
Abl.	mari	lato	maribus	latis

Merke dir die besonderen Endungen gut!
Besonders das **-i im Ablativ Singular** ist wichtig! Es sieht aus wie der Dativ!

Besonderheiten der Neutra auf -e, -al und -ar

Abl. Sing.	**-i**
Nom. Pl.	**-ia**
Gen. Pl.	**-ium**
Akk. Pl.	**-ia**

Übung 71 Nun kannst du alle Neutra auf -e, -al und -ar deklinieren. Versuche es an zwei Beispielen!

	Singular	Plural
Nom.	animal	
Gen.		
Dat.		
Akk.		
Abl.		

Singular	Plural
par	

Übung 72 Ergänze die richtige Endung der Substantive! Am beigefügten Adjektiv kannst du den gewünschten Kasus erkennen:

a) consul ________ boni
b) orator ________ bonis
c) uxor ________ bonarum
d) honor ________ bonum
e) tellur ________ bonam
f) or ________ bona
g) agger ________ bono
h) itiner ________ bona
i) ver ________ bonum
j) equit ________ bonis
k) oration ________ bonae
l) imagin ________ bonarum
m) homin ________ bono
n) aetat ________ bonas
o) nub ________ bonarum
p) nav ________ bonis
q) fasc ________ bonorum
r) arc ________ bonarum
s) mar ________ bona
t) animal ________ bonorum

Übung 73 Bestimme das grammatische Geschlecht folgender Substantive! Schreibe dazu hinter jedes Substantiv die entsprechende Form von bonus, bona, bonum!

a) trabs ________
b) agger ________
c) homo ________
d) orator ________
e) sidus ________
f) aetas ________
g) pes ________
h) arx ________

i) navis	______	p) mare	______
j) uxor	______	q) carmen	______
k) dos	______	r) ver	______
l) animal	______	s) arbor	______
m) tellus	______	t) finis	______
n) princeps	______	u) eques	______
o) consul	______	v) pons	______

„Pons Fabricius", heute „Ponte Fabricio" (ital.), die älteste erhaltene antike Brücke über den Tiber in Rom, erbaut 62 v. Chr. vom römischen Konsul Lucius Fabricius.

Übung 74 Schreibe aus den oben genannten Substantiven die Substantive der i-Stämme heraus und bilde den jeweiligen Genitiv Plural!

______

______

Übung 75 Stelle bei folgenden Substantiven den Kasus und Numerus fest!

a) oratoris ______

b) oratorum ______

c) maria ______

d) animalium ______

e) oratores ______

f) matrem ______

g) matre ______

h) mari ______

i) veris ______

j) itinera ______

k) fratrum ______

l) mulieribus ______

m) sermone ______

Übung 76 Nun wieder eine Übersetzungsübung:

a) Als die Griechen Troja erobert hatten, ging der fromme Aeneas aus der Stadt hinaus.

______

______

b) Er hat sich und das Leben einiger Gefährten gerettet.

______

c) Mit einem festen Schiff eilten sie durch die weiten Meere, damit sie eine neue Heimat fanden (sahen).

______

______

Nun anders herum: Vom Lateinischen ins Deutsche:

d) Primo Africam, regionem sub sole calido (heiß) sitam, intraverunt.

______

______

e) Sed Mercurius, nuntius Iovis, Aeneae imperavit, ut sedes novas in Italia collocaret.

____

____

____

f) Nunc viri miseri iterum pericula mala marium tolerare debebant.

____

____

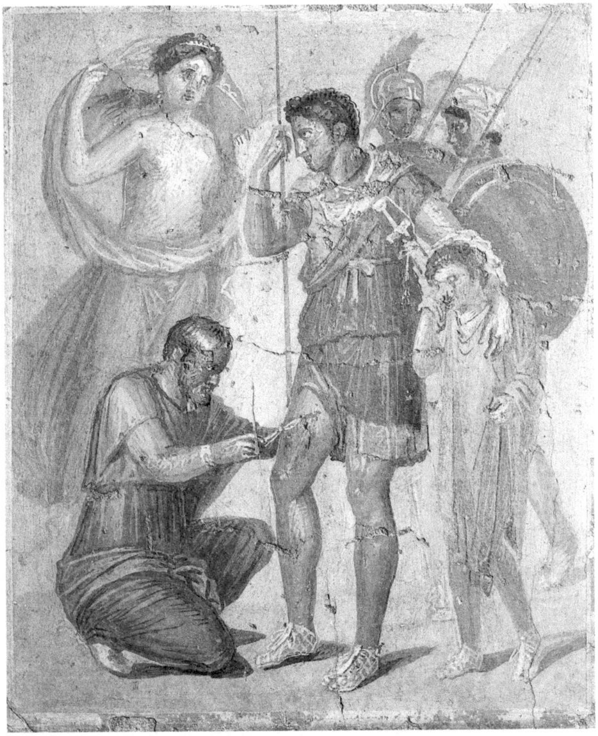

Die Aeneis, das Epos des römischen Schriftstellers Vergil, erzählt von den Irrfahrten und Kämpfen des trojanischen Helden Aeneas, der als Gründervater Roms galt.
Das Fresko (Wandgemälde) zeigt den verwundeten Aeneas in Waffen mit seinem weinenden Sohn Ascanius im Arm. Der Held wird von dem Mediziner Japyx operiert. Aeneas Mutter, die Göttin Venus, schwebt heran. Sie trägt in der linken Hand einige medizinische Kräuter, die ihrem Sohn Heilung bringen werden. Römisches Fresko aus Pompeji, Museo Archeologico Nazionale, Neapel, 2. Hälfte des 1. Jhs n. Chr.

g) Post errores longos litora Italiae spectaverunt.

____

____

h) Aeneas: „Quia Juppiter nobis salutem dedit, pecora deo maximo immolemus!

___

___

i) Mox hic urbem claram collocaverimus[1]: Tum patriam novam habebimus."

1 wir werden errichtet haben: das ist Futur II. Es ist so selten, dass wir es nicht eigens behandeln müssen.

___

___

Übung 77 Rätsel: Ergänze die fehlenden Anfangsbuchstaben. Von oben nach unten gelesen ergeben sie den Namen eines der bedeutendsten Dichter Roms.

	IRES
	QUES
	EGES
	ENUS
	GNIS
	UMEN

Rechts: Teilansicht von Rom nach dem Stadtmodell von Gismondi. Man erkennt den Tiber mit zwei seiner acht Brücken (unten), zwei der elf Aquädukte (Wasserleitungen, oben rechts und oben Mitte) und das Kolosseum, das gewaltige Amphitheater Roms (links oben). Der Circus Maximus (Mitte), doppelt so lang wie der Eiffelturm hoch ist, vermittelt einen Eindruck von der Größenordnung. Er fasste etwa 250 000 Zuschauer.

Übung 78 Die einzelnen Untergruppen der 3. Deklination mit ihrem jeweiligen grammatischen Geschlecht sind nicht so schwer zu merken. Aber die Ausnahmen!

Welches Geschlecht haben folgende Substantive (lauter Ausnahmen)? Kennzeichne es, indem du die richtige Endung des Signalwortes bonus, bona, bonum ergänzt. Schreibe die Übersetzung der Substantive dazu!

arbor bon a der Baum

1) sacerdos bon ___
2) uxor bon ___
3) dux bon ___
4) soror bon ___
5) iudex bon ___
6) tellus bon ___
7) princeps bon ___
8) mater bon ___
9) custos bon ___
10) rex bon ___

11) senex bon ____________________

12) adulescens bon ____________________

13) iuvenis bon ____________________

14) parentes bon ____________________

15) sermo bon ____________________

23) cadaver bon ____________________

24) fascis bon ____________________

25) homo bon ____________________

26) mulier bon ____________________

27) mensis bon ____________________

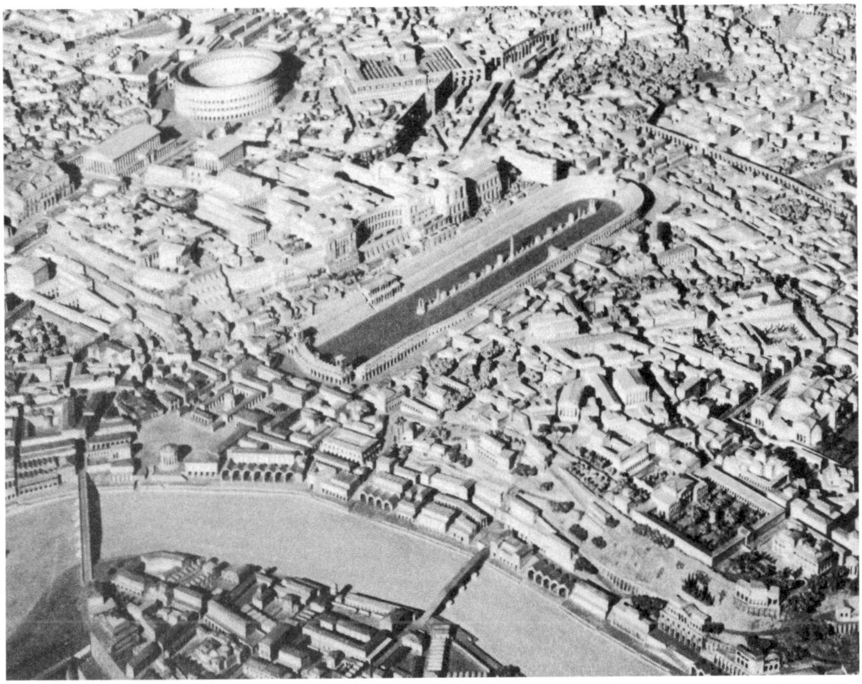

16) leo bon ____________________

17) aequor bon ____________________

18) pes bon ____________________

19) os bon ____________________

20) grex bon ____________________

21) ver bon ____________________

22) finis bon ____________________

28) orbis bon ____________________

29) dens bon ____________________

30) fons bon ____________________

31) mons bon ____________________

32) pons bon ____________________

33) ordo bon ____________________

29 Die Adjektive der 3. Deklination

Adjektive! Wir erinnern uns:

bonus, bona, bonum	gut
clarus, clara, clarum	hell, klar, berühmt
niger, nigra, nigrum	schwarz
iustus, iusta, iustum	gerecht
liber, libera, liberum	frei

Das Adjektiv gibt eine **Eigenschaft** einer Person oder einer Sache an:

vir bonus, iustus, niger
der gute, gerechte, schwarze Mann

Das Adjektiv besitzt drei Endungen, weil es sich an sein Substantiv in **Numerus, Kasus und Genus** angleichen muss:

bonus	maskulin
bona	feminin
bonum	neutral

Bisher haben wir nur Adjektive mit Endungen der a- und o-Deklination kennen gelernt. Es gibt aber auch sehr viele Adjektive mit den Endungen der 3. Deklination. Da wir die Kasusendungen der 3. Deklination schon (fast im Schlaf) beherrschen, können wir sie alle bereits deklinieren. Wir müssen uns nur an Folgendes erinnern:

1. Auch die Adjektive der 3. Deklination waren ursprünglich i-Stämme, sie haben die **vier -i-** von mare, maris in den Kasusendungen (Neutra auf -e, -al und -ar).
2. Wie immer kannst du auch bei allen Adjektiven der 3. Deklination erst im **Genitiv** den **Stamm** ablesen, an den die Kasusendungen angehängt werden. Den Stamm bekommst du, indem du die Genitivendung streichst.

Die Adjektive der 3. Deklination sehen aber nicht alle gleich aus : Wir unterscheiden folgende drei Gruppen:

Die Adjektive der 3. Deklination

dreiendige Adjektive	**zweiendige** Adjektive	**einendige** Adjektive
haben für jedes Geschlecht eine **eigene Endung:** **m, f, n**	haben nur eine **gemeinsame Endung** für maskulines und feminines Geschlecht und eine **zweite Endung** für das Neutrum: **m/f, n**	haben nur die eine **gleiche Endung** für alle drei Geschlechter: **m/f/n**

Beispiele

celeb**er**, celebr**is**, celebr**e** (Gen. celebris): berühmt	fort**is**, fort**e** (Gen. fortis): tapfer	feli**x** (Gen. felicis): glücklich
vir celeber: der berühmte Mann femina celebris: die berühmte Frau templum celebre: der berühmte Tempel	vir fortis: der tapfere Mann femina fortis: die tapfere Frau animal forte: das tapfere Lebewesen	vir felix: der glückliche Mann femina felix: die glückliche Frau animal felix: das glückliche Lebewesen

Nun schau dir das Deklinationschema für das dreiendige Adjektiv celer, celeris, celere (schnell) genau an!

Die Deklination der Adjektive der 3. Deklination

	Singular			Plural		
	mask.	fem.	neutr.	mask.	fem.	neutr.
Nom.	celer	celer**is**	celer**e**	celer**es**	celer**es**	celer**ia**
Gen.	celer**is**	celer**is**	celer**is**	celer**ium**	celer**ium**	celer**ium**
Dat.	celer**i**	celer**i**	celer**i**	celer**ibus**	celer**ibus**	celer**ibus**
Akk.	celer**em**	celer**em**	celer**e**	celer**es**	celer**es**	celer**ia**
Abl.	celer**i**	celer**i**	celer**i**	celer**ibus**	celer**ibus**	celer**ibus**

Ausnahmen

Drei Adjektive der 3. Deklination gehören nicht zu den i-Stämmen:
dives (Gen. divitis), pauper (Gen. pauperis) und vetus (Gen. veteris). Sie haben

kein -i	im Abl. Sg., sondern -e
kein -ium	im Gen. Pl., sondern -um
kein -ia	im Nom. und Akk. Neutr. Pl., sondern ein -a.

Ausnahmen: dives (reich), **pauper** (arm), **vetus** (alt)

	Singular		Plural	
	mask./fem.	neutr.	mask./fem.	neutr.
Nom.	dives	dives	divites	divita
Gen.	divitis	divitis	divitum	divitum
Dat.	diviti	diviti	divitibus	divitibus
Akk.	divitem	dives	divites	divita
Abl.	divite	divite	divitibus	divitibus

Übung 79 Du musst genau wissen, ob ein Adjektiv ein-, zwei- oder dreieendig ist, damit du beim Übersetzen problemlos jedem Substantiv das richtige Adjektiv zuordnen kannst. Das kannst du nur, wenn du die Endungen gut beherrschst.

Um die Endungen einzuüben, deklinieren wir nun je eine Kombination von einem Substantiv mit einem ein-, zwei- oder dreiendigen Adjektiv.

Zuerst nehmen wir ein einendiges Adjektiv:
prudens (Gen. prudentis): klug.
Dekliniere puer prudens: der kluge Knabe!

	Singular	Plural
Nom.	puer prudens	
Gen.		
Dat.		
Akk.		
Abl.		

Übung 80 Nun deklinieren wir ein dreiendiges Adjektiv:
acer, acris, acre (Genitiv: acris, acris, acris): feurig, hitzig, scharf.
Dekliniere oratio acris: eine flammende Rede!

	Singular	Plural
Nom.	oratio acris	
Gen.		
Dat.		
Akk.		
Abl.		

Übung 81 Zuletzt ein zweiendiges Adjektiv:
brevis, breve (Genitiv: brevis, brevis): kurz.
Dekliniere tempus breve: kurze Zeit!

	Singular	Plural
Nom.	tempus breve	
Gen.		
Dat.		
Akk.		
Abl.		

Übung 82 Das war doch gar nicht so schwer! Ergänze nun hier die richtige Kasusendung des Adjektivs fortis, forte!

a) vir fort ______
b) femina fort ______ (Nom. Sg.)
c) donum fort ______
d) uxoris fort ______
e) equiti fort ______
f) dominorum fort ______
g) dominarum fort ______
h) villam fort ______
i) templum fort ______
j) femina fort ______ (Abl. Sg.)
k) animalia fort ______
l) corpus fort ______
m) corporum fort ______
n) sidera fort ______

o) sidere fort ____________________ q) rebus fort ____________________

p) luminum fort ____________________ r) sanguinem fort ____________________

Tempel der Artemis (Diana), der Göttin der Jagd, in Gerasa im heutigen Jordanien. Gerasa, eine römische Stadt, ist noch sehr gut erhalten, wie viele römische Monumente in Kleinasien, im Nahen Osten und in Afrika.

Übung 83 Über den Adjektiven der 3. Deklination haben wir fast die Adjektive der a- und o-Deklination vergessen.
Alle Adjektive passen sich in Zahl, Fall und Geschlecht an ihr Bezugswort an: Dafür haben sie entweder die Endungen der a- und o-Deklination, z. B. bonus, bona, bonum oder die Endungen der 3. Deklination, z. B. acer, acris, acre. Die Unterschiede der Deklinationen machen wir uns nun noch einmal deutlich, indem wir die beiden Beispiele einander gegenüberstellen. Dekliniere beide!

	Singular			Plural
Nom.	bonus acer	bona acris	bonum acre	
Gen.				
Dat.				
Akk.				
Abl.				

30 Das Partizip Präsens Aktiv (PPA)

Was bedeutet „Partizip“? – Das Wort ist vom lateinischen Adjektiv particeps, participis (teilhaftig) abgeleitet. Das Partizip ist einerseits eine Verbform, andererseits ein Adjektiv. Es hat Anteil an beiden Wortarten (so genanntes Verbaladjektiv).
Unter den einendigen Adjektiven der 3. Deklination finden sich manche, die einmal Partizipien waren, z. B. constans, constantis: beständig. Es ist das ehemalige Partizip von constare (bestehen).
Wir machen nun mit folgendem Trick aus einem Verbum ein Adjektiv: Nimm die Endung des Adjektivs prudens, prudentis -ns, -ntis und hänge sie an den Verbalstamm von laudare, dann hast du das Partizip Präsens Aktiv (PPA):
lauda-ns, lauda-ntis: lobend

Genauso wird das Partizip von monere gebildet:
mone-ns, mone-ntis: mahnend

Das PPA wird wie die Adjektive der 3. Deklination (Deklinationstabelle S. 135) dekliniert. Nur eine Kasusendung stimmt mit den Endungen der Adjektive der 3. Deklination nicht überein: der Ablativ Singular. Er hat die Endung **-e**.

Das Partizip Präsens Aktiv (PPA)

PPA: Präsensstamm + **-ns, -ntis** — lauda-ns, lauda-ntis

Kasusendungen der Adjektive der **3. Deklination**
Ausnahme: **Ablativ Singular: -e** — Abl. Sg.: laudant-e

Nun kannst du ganz leicht das Deklinationsschema von monens bilden!

	Singular		Plural	
	mask./fem.	neutr.	mask./fem.	neutr.
Nom.	mone-ns		mone-	mone-
Gen.	mone-nt-is		mone-	
Dat.	mone-		mone-	
Akk.	mone-	mone-	mone-	mone-
Abl.	mone-nt-e		mone-	

Das PPA (lobend, mahnend) klingt im Deutschen oft nicht gut. Eleganter ist darum meist die Übersetzung mit einem Relativsatz, der mit dem Relativpronomen (bezügliches Fürwort) der, die, das eingeleitet wird.

Die Übersetzung des Partizip Präsens Aktiv (PPA)	
wörtliche Übersetzung	domina servum laudans die ihren Sklaven **lobende** Herrin
meist eleganter: Übersetzung mit **Relativsatz**	die Herrin, **die** ihren Sklaven **lobt**

Beispiele

pater lauda**ns**	der lobende Vater/der Vater, der lobt
magistri mone**ntes**	die mahnenden Lehrer/die Lehrer, die mahnen
domina servas lauda**ns**	eine Herrin, die ihre Sklavinnen lobt

Übung 84 Bilde zunächst einen deutschen Partizipialausdruck aus den angegebenen Infinitiven und Substantiven und übersetze diesen dann ins Lateinische!

weinen und Mädchen *die weinenden Mädchen: puellae flentes*

a) mahnen und Lehrer __________

b) fliegen und Vögel __________

c) arbeiten und Handwerker __________

d) sehen und Freunde __________

Römische Handwerker: Schlosser und Schmied. Grabrelief, Aquileia (Italien), Ende des 1. Jhs n. Chr.

e) grüßen und Knabe __________

f) spazieren gehen und Großmutter __________

Übung 85 Dekliniere lateinisch:
magister properans (der eilende / eilige Lehrer)
puella cantans (das singende Mädchen / das Mädchen, das singt)
uxor flens (die weinende Gattin / die Gattin, die weint)

	Singular	Plural
Nom.	magister properans	
Gen.		
Dat.		
Akk.		
Abl.		

Nom.	puella cantans	
Gen.		
Dat.		
Akk.		
Abl.		

Nom.	uxor flens	
Gen.		
Dat.		
Akk.		
Abl.		

Übung 86 Übersetze!

a) Haruspex de salute desperans clamat:

____

b) „Dum librum veterem habebam, dives et laetus fui, sed nunc pauper tristisque sum."

____

____

c) Larisa, filia eius, advolans: „Utinam ne curis terrearis, pater!“

Jetzt anders herum:

d) Das betende Mädchen näherte sich dem Altar der Juno.

e) Die Frauen feierten singend und tanzend (saltare) die Göttin Diana.

f) Die Mädchen, die Lieder singen (Partizip!), erfreuen die Eltern.

Nun übersetze wieder vom Lateinischen ins Deutsche:

g) Formica (die Ameise) autem paulum deliberans, cicadam (die Grille) interrogavit: „Nusquam te laborantem vidi. Quin (warum nicht?) tibi cibum paravisti?“ Tum cicada ridens: „Quia tota aestate cantavi.“

h) Tum formica: „Si aestate cantavisti, hieme salta!“

31 Das Demonstrativpronomen hic, haec, hoc

Was heißt Demonstrativpronomen? Schau dir die Bestandteile des Begriffs an:
demonstrare zeigen,
Pronomen Fürwort.

Es handelt sich also um ein „Zeigepronomen" oder, wie du einmal gelernt hast, um das so genannte „hinweisende Fürwort". Als erstes lernen wir das Demonstrativpronomen hic, haec, hoc (dieser, diese, dieses).
Du siehst an den Endungen, dass wir für jedes grammatische Geschlecht wieder eine eigene Endung haben:

Beispiele

hic vir	dieser Mann
haec villa	dieses Haus
hoc sidus	dieser Stern

Das Demonstrativpronomen richtet sich also wie ein Adjektiv in Genus, Kasus und Numerus nach dem dazugehörigen Substantiv und muss deshalb auch dekliniert werden. Die Kasusendungen von hic, haec, hoc gleichen einer Mischung aus der 3. Deklination und der a- und o-Deklination. Die Genitivendung **-ius** im Singular begegnet uns zum ersten Mal. Das **-c**, das häufig am Ende erscheint, gehört übrigens nicht zur Endung, es ist ein zusätzliches Deutesignal wie im Wörtchen ec-ce (sieh da, schau her)!
Sieh nun selbst:

Das Demonstrativpronomen hic, haec, hoc

	Singular			Plural		
	mask.	fem.	neutr.	mask.	fem.	neutr.
Nom.	hic	haec	hoc	hi	hae	haec
Gen.	huius	huius	huius	horum	harum	horum
Dat.	huic	huic	huic	his	his	his
Akk.	hunc	hanc	hoc	hos	has	haec
Abl.	hoc	hac	hoc	his	his	his

Am besten lernst du die Formen von hic, haec, hoc so genau auswendig, dass sie dir kein Kopfzerbrechen mehr bereiten.

Das Demonstrativpronomen hic, haec, hoc (dieser, diese, dieses) bezeichnet das **Nächstliegende**, also etwas, das vor Augen liegt.
Es steht meist **vor** seinem Substantiv.

Beispiele

haec villa
dieses Haus (hier)

hic equus
dieses Pferd (da)

hoc templum
dieser Tempel (hier)

cum **his** verbis
mit folgenden Worten (die jetzt gesprochen werden)

hoc tempore
zu dieser Zeit (in heutiger Zeit bzw. jetzt, in diesem Moment)

Pass auf! Hic kann auch „hier" heißen!
Haec domus mea est. (haec richtet sich nach dem Geschlecht von domus)
Dieses ist mein Haus (es gehört mir).

aber:
Hic stat domus mea.
Hier steht mein Haus.

Hier siehst du wieder, wie wichtig es ist, dass man das Geschlecht jedes Substantives mitlernt.

Übung 87 Ergänze bei folgenden Substantiven das jeweilige Demonstrativpronomen!

hic	vir	c)	______	templa
hanc	feminam	d)	______	templi
hoc	templo	e)	______	feminae (Dat. Sg.)
a) ______	viri (Nom. Pl.)	f)	______	viros
b) ______	feminis	g)	______	animal

h)	________	uxorum	o)	________	usus (Nom. Sg.)
i)	________	avium	p)	________	mater
j)	________	templorum	q)	________	sermonibus
k)	________	feminis	r)	________	dux
l)	________	feminae (Gen.)	s)	________	mari (Abl. Sg.)
m)	________	virum	t)	________	legem
n)	________	theatrum	u)	________	vias

Via Appia, die älteste Militärstraße Roms, erbaut 312 v. Chr. von dem römischen Censor Appius Clausius Caecus. Sie führte von Rom nach Capua, später bis Brundisium und galt als Königin der Straßen.
Die Römer legten in ihrem Imperium ein gut verknüpftes Straßennetz an. Wegen der ausgefeilten Technik des römischen Straßenbaus sind viele der Straßen noch heute sehr gut erhalten.

Römische Geleisestraße bei Garmisch-Partenkirchen.
Zwei parallel zueinander liegende, U-förmige, mindestens 3 bis 5 cm tiefe Rillen (Zwillingsgeleise) im Fels dienen – ähnlich den Straßenbahnschienen – den Karrenrädern als Führung. Damit wurde ein seitliches Ausscheren der Gefährte verhindert. Diese Gefahr bestand insbesondere bei der Talfahrt, weil bei den nicht mit Bremsen ausgestatteten Karren oft die Räder blockierten. Auf den Geleisestraßen verkehrten Karren mit standardisierter Spurweite.

32 Exkurs: Die verflixten kleinen Wörter

Die folgende Übung behandelt all die kleinen Wörter, die für die logische Verbindung von Sätzen so wichtig sind, aber leicht verwechselt werden. Wenn du sie beherrschst, bist du für komplizierte Sätze gerüstet.

Übung 88 Trage die Bedeutung der „verflixten kleinen Wörter“ ein!

a, ab	______	etiam	______
ante	______	ex, e	______
antea	______	frustra	______
apud	______	heri	______
atque	______	hic	______
aut	______	hodie	______
aut ... aut	______	iam	______
bene	______	ibi	______
circa	______	imprimis	______
contra	______	in (+ Abl.)	______
cras	______	in (+ Akk.)	______
cum	______	inter	______
cur	______	interea	______
de	______	interdum	______
deinde	______	ita	______
diu	______	itaque	______
donec	______	item	______
erga	______	iterum	______
et	______	iterum atque iterum	______
et ... et	______		______

magis ______________________

magis ... quam ______________

mox ______________________

nam ______________________

neque ______________________

neque ... neque ____________

nihil ______________________

nisi ______________________

non ______________________

nondum ____________________

non iam ____________________

non solum ... sed etiam ________

____

numquam ____________________

nunc ______________________

nusquam ____________________

olim ______________________

paene ______________________

paulum ____________________

per ______________________

post ______________________

postea ______________________

postremo ____________________

primo ______________________

pro ______________________

profecto ____________________

prope ______________________

propter ____________________

quam ______________________

quamquam __________________

quando ______________________

-que ______________________

quem ______________________

quia, quod __________________

quid ______________________

quis ______________________

quo ______________________

quoque ______________________

saepe ______________________

satis ______________________

sed ______________________

semper ______________________

si ______________________

sic ______________________

sine ______________________

solum ______________________

statim ______________________

sub (+ Abl.) ________________

sub (+ Akk.) ________________

subito ______________________

Prachtvolle Wandgemälde und Mosaike in einer Villa in Herculaneum. Diese Stadt wurde beim Ausbruch des Vesuv 79 n. Chr. von Lava bedeckt, während Pompeji von Asche verschüttet wurde. Beide Städte wurden dadurch sehr gut erhalten. Bei den Ausgrabungen ergeben sich immer wieder neue Erkenntnisse über das Leben der Römer in der Antike.

supra (+ Akk.) ____________________

____

tam … quam ____________________

tamen ____________________

tandem ____________________

tantum ____________________

tum ____________________

ubi ____________________

ubique ____________________

undique ____________________

usque ad (+ Akk.) ____________________

ut ____________________

ut (+ Konj.) ____________________

utinam ____________________

valde ____________________

vel ____________________

velut ____________________

____

33 Die Römischen Ziffern

Jetzt kommen wir zu den Zahlen. Schau dir die lateinischen Zahlwörter hinter der jeweiligen Ziffer an! Solltest du ein wenig Italienisch können, siehst du, dass z. B. die ersten zehn lateinischen Zahlen den italienischen (uno, due, tre, quattro, cinque, sei, sette, otto, nove, dieci) fast aufs Haar gleichen.
Häufig stehen in lateinischen Texten nicht die Zahlwörter, sondern, wie wir es im Deutschen auch gewöhnt sind, die Ziffern, allerdings die römischen.

Die römischen Ziffern

1	I	unus	11	XI	undecim
2	II	duo	12	XII	duodecim
3	III	tres	13	XII	tredecim
4	IV	quattuor	14	XIV	quattuordecim
5	V	quinque	15	XV	quindecim
6	VI	sex	16	XVI	sedecim
7	VII	septem	17	XVII	septendecim
8	VIII	octo	18	XVIII	duodeviginti
9	IX	novem	19	XIX	undeviginti
10	X	decem	20	XX	viginti
100	C	centum	30	XXX	triginta
500	D	quingenti, -ae, -a	40	XL	quadraginta
1000	M	mille	50	L	quinquaginta

Die Hunderter erkennst du an der Silbe **-cent-** oder **-gent-**, von centum (hundert). Wenn du dir das merkst, kannst du sie leicht von den Zehnern unterscheiden!

Beispiele

octoginta: 80
octin**gent**i, -ae, -a: 800

Denar (Silberstück) des Traian.
Der Denar enstprach im Wert vier Sesterzen oder 16 Assen.

Rückseite des Aureus (Goldstück) des Septimius Severus: Legionsadler zwischen Standarten. Ein Aureus hatte den Wert von 100 Sesterzen bzw. 400 Assen.

Ein Rätsel in Zahlen

Am Rand eines Deckengemäldes in der Pfarrkirche von Senden bei Ulm findet sich dieses „Chronogramm" (griech. „Zeit-Inschrift", eine Inschrift, in der Zahlen verschlüsselt sind). Die hervorgehobenen Buchstaben ergeben, als römische Zahlen gelesen, die Jahreszahl der Fertigstellung der Kirche. Kannst du die Jahreszahl bestimmen?

aLMa
DeI genItrIX
ConfratrIbVs tVI
rosarII sIs pIa
aVXILIatrIX

a**LM**a **D**e**I** gen**I**tr**IX** **C**onfratr**I**b**V**s t**VI** rosar**II** s**I**s p**I**a a**VXILI**atr**IX**
Zur Lösung schreiben wir die hervorgehobenen Ziffern heraus, es sind römische Ziffern:

LMDIIIXCIVVIIIIIVXILIIX

Wir ordnen sie der Größe nach, zuerst die großen, dann die kleinen Zahlen:

MDCLLXXXVVVIIIIIIIIIII

Zusammengezählt ergibt dies die Jahreszahl 1757. Korrekt geschrieben müsste die Jahreszahl **MDCCLVII** lauten.

Nun noch die deutsche Übersetzung der Inschrift: „Gnädige Gottes-Mutter, sei der Brüderschaft deines Rosenkranzes eine geneigte Helferin!"
Was heißt das? Da haben sich Männer zu einem Bund zusammengeschlossen, die die Mutter Gottes durch regelmäßiges Rosenkranzbeten verehren wollen.

Wenn du diese Seite aufschlägst, gratuliere ich dir. Du hast den gesamten Stoff des ersten Schuljahres wiederholt.

Bravo!

34 Exkurs: Die Vorbereitung auf Schulaufgaben

Einige Tipps zur guten Schulaufgabenvorbereitung:

Schulaufgabenvorbereitung

1. Wiederhole vor jeder Schulaufgabe den gesamten **Wortschatz,** am besten mit deinem **Zettelkasten,** den du ja gewissenhaft geführt hast.
2. Der Lehrer gibt in der Regel den Grammatikstoff für die Schulaufgabe eine Woche zuvor an. Du kannst dem vorgreifen und davon ausgehen, dass alle zehn bis zwölf Kapitel im Buch eine Schulaufgabe ansteht, und schon **rechtzeitig** mit der Wiederholung beginnen. Du solltest dir die Zeit so einteilen, dass du nicht mehr als zwei Kapitel pro Tag wiederholst, diese aber gründlich mit Wortschatz, Grammatik und Besonderheiten.
3. Du solltest immer alle bisher gelernten **Deklinations- und Konjugationsschemata wiederholen.** Dabei ist es wichtig, dass du bei den Substantiven der u-Deklination und der 3. Deklination **immer den Genitiv** mit wiederholst, um den Stamm zu wissen. Dieser teilt bei der 3. Deklination die Substantive den einzelnen Geschlechtsgruppen zu. Gut ist es auch, wenn du die Substantive der 3. Deklination in deinem Zettelkasten mit einem bonus, bona oder bonum als Signal für das **Geschlecht** versiehst.

Nun folgen einige Übungsschulaufgaben mit Lösungen.
Du solltest jede Schulaufgabe in ca. 45 Min. bearbeitet haben.

1. Schulaufgabe in Latein (bis Kap. 7)

A. Übersetzung: Besuch auf dem Bauernhof.

1. Marco et Claudiae villa valde placet, nam bestias amant.

____

____

2. Nunc amicos et amicas hic exspectant.

____

____

3. Subito Claudia clamat: „Amici iam villae appropinquant! Vos salutamus!"

4. Marcus: „Amicis equos monstro."

5. Syrus servus est, equos curat et bestiis aquam portat.

6. Nunc domina servis imperat: „Nunc mensam ornatis, tum convivis cenam paratis!"

B. Sprachbeherrschung

1. Übersetze ins Lateinische!

   a) Die Herrin ruft den Sklaven.

   b) Die Sklaven bringen der Herrin einen Brief.

2. Julia hat vom Deutschen ins Lateinische übersetzt. Leider hat sie nicht ordentlich abgefragt und deshalb in jedem Satz **einen** Fehler gemacht. Finde die falsche Form und schreibe den korrigierten Satz auf!

   Beispiel: Der Vater lobt den Sohn: Pater filiam laudat.

   Falsch: filiam. Richtig: Pater filium laudat.

   a) Du fürchtest die Pferde: Equum times.

b) Paulus fängt die Freunde: Paulus amicos captant.

c) Ihr besucht uns: Nos visitamus.

3. Setze in folgendem Satz alle Singularformen in den Plural!

   Amico et amicae tabulam et stilum monstro.

2. Schulaufgabe in Latein (bis Kap. 13)

A. Übersetzung: Ein Besuch mit Onkel Tullius beim Freund Lucius.

1. Hodie Marcus et Claudia cum Tullio Lucium, amicum Tullii, visitant.

2. Servus convivas salutat: „Intrate, dominus vos iam exspectat."

3. Lucius convivis tectum novum monstrat. Solum varium et statuae altae atrii magni animos cunctorum gaudio complent.

4. Multae statuae ex Graecia sunt.

5. Nunc Lucius: „Portatne servus nobis vinum antiquum e cella?"

B. Sprachbeherrschung

1. Übersetze ins Lateinische!

   a) Die Maus (mus) spaziert aus dem neuen Haus in den großen Garten.

   b) Tullius zeigt den Kindern die berühmten Götterbilder der Tempel.

2. Setze folgende Adjektiva an eine passende Stelle in den lateinischen Sätzen: novus, rusticus, firmus.

   Dominus amicis villam monstrat. Convivae equos spectant. Vita convivis placet.

3. Verwandle folgenden Aussagesatz in eine Frage und übersetze diesen dann!
   Hodie Marcus magistrum in ludo visitat.

4. Setze folgende Verbformen in den Plural!

   sum ______

   clamat ______

3. Schulaufgabe in Latein (bis Kap. 20)

A. Übersetzung: Germanen sogar in Rom.

1. Tullius cum Marco saepe in taberna antiqua Suburae erat, ubi interdum etiam Germanos videbant.

Rom in der frühen Kaiserzeit. Viele Dichter beschreiben die Stadt als überfüllt. Gebäude mit fünf oder sechs unsicher gebauten Stockwerken säumten die verschmutzten Straßen.

2. Tullius: „Germani ministri fidi dominorum suorum sunt.

3. Etiam copias nostras multi Germani complent.

4. Rogemus virum de patria sua misera!“

5. Germanus narrabat: „Patria mea numquam praeclara aedificia et vias latas Romae habebit.

6. Tamen mihi cara est: Opto, ut terram meam mox videam."

B. Sprachbeherrschung

1. Übersetze ins Lateinische!

   a) Möge es den Göttern immer gefallen, dass wir glücklich sind.

   b) Der Lehrer lobte euch oft, uns aber gab er nur böse Worte.

2. Setze folgende Ausdrücke in den Konjunktiv und übersetze sie dann!

   a) visitamus avum

   b) magistrum non video

   c) boni estis

3. Übersetze folgende Verbformen, wobei du genau auf den Modus achtest!

   a) sumus

   b) monebit

   c) laudate

   d) moneas

   e) sim

   f) eratis

4. Schulaufgabe in Latein (bis Kap. 27)

A. Übersetzung: Viele Götter schützen Rom

1. Romani summa pietate multos deos celebrabant, quia a deis auxilium sperabant.

____

____

2. Cum nautae ex Aegypto frumentum Ostiam (nach Ostia) portabant, Neptunum orabant, ut navigia in aequore vasto servaret.

____

____

____

Modell eines römischen Ruderschiffs, Oberstimm.
Solche langen, schlanken Ruderboote mit Hilfsbeseglung waren von der Konstruktion her sehr schnell.

3. Tellurem matrem laudabant, cum aestate hominibus fructus agrorum dederat.

____

____

4. Tum aram Telluris floribus ornabant.

____

5. Etiam in honorem Saturni sacrificaverunt, ut hominibus dona sua daret.

____

____

6. Multis diebus festis gaudium animos Romanorum complevit.

____

____

B. Sprachbeherrschung

1. Übersetze!

   a) Es war Aufgabe der Konsuln, den Staat zu schützen.

   ____

   b) Die Beamten übertrafen durch die Größe ihres Ansehens alle Menschen.

   ____

   ____

   c) Die Sitten der römischen Ehefrauen waren immer untadelig.

   ____

   ____

2. Übersetze folgende Ausdrücke! Achte dabei genau auf die Bedeutung des jeweiligen Konjunktivs!

   a) cum terruerit ____________________

   b) me hodie visites ____________________

   c) gratus esset ____________________

   d) magister te moneret ____________________

3. Setze das Adjektiv bonus, bona, bonum mit der jeweils richtigen Endung zu folgenden Substantiven!

   a) labor ____________ d) flos ____________

   b) ratio ____________ e) aequor ____________

   c) mulier ____________ f) homo ____________

5. Schulaufgabe in Latein (bis Kap. 31)

A. **Übersetzung:** Der Philosoph Diogenes

1. Multi homines cunctis temporibus Diogenem philosophum laudaverunt.

2. Hic philosophus nobis monstravit:
„Divitiae hominibus interdum onus sunt.

3. Etiam sine domibus, sine pecunia, sine auro et argento beati sumus."

4. Hic vir pacem animi magis quam gloriam et honorem regum amabat.

5. Cum olim Alexander rex philosophum visitavisset et rogavisset:
„Quid tibi donabo?"
Diogenes solum: „Ex sole mihi i (geh!)!"

Diogenes in seinem Fass.
Rom,Villa Albani.

B. Sprachbeherrschung

1. Übersetze!

   a) Nicht nur im schönen Sommer hat sich Diogenes in einem Fass (dolium) der Ruhe hingegeben.

   ____

   ____

   b) Diogenes: „Liebt die Würde der Tugend, meidet die Knechtschaft des Geldes!"

   ____

   ____

2. a) Dekliniere im Singular: lex iusta!

   ____

   ____

   b) Dekliniere im Plural: opus clarum!

   ____

   ____

3. Setze zu folgenden Substantiven das Demonstrativpronomen hic, haec hoc mit der jeweils richtigen Kasusendung!

   a) __________ feminam

   b) __________ templa

   c) __________ orationi

   d) __________ litoris

   e) __________ iudices (Nom.)

   f) __________ scelerum

6. Schulaufgabe in Latein (bis Kap. 33)

A. Übersetzung: Marcus erzählt von einem aufregenden Erlebnis: Ein Unfall durch Steinschlag

1. Mane (am Morgen, in der Frühe) tres liberi clamantes me e somno excitaverunt:

2. „Calamitas atrox nos terruit. Lapis gravis tecto volans avum violavit!

3. Si nemo auxilium portabit, mors tristis avo instabit."

4. Parentes mei cursu celeri advolaverunt et liberos flentes placaverunt: „Avum statim ad medicum portabimus!"

5. Pater postea narravit: „Quamquam difficile erat, medicus senem servavit."

B. Sprachbeherrschung

1. Übersetze ins Lateinische:

   a) Oft sind auch arme Menschen glücklich.

   ____

   b) Die kühnen Feinde haben mit Waffengewalt die Stadt erobert.

   ____

2. Übersetze folgende Verbformen!

   a) er würde mahnen ______________________

   b) ich hatte gelobt ______________________

   c) wir wären gewesen ______________________

   d) du hast gelobt ______________________

   e) als ihr gemahnt habt ______________________

   f) sie wären ______________________

   g) du mögest mahnen ______________________

   h) sie werden sein ______________________

3. Übersetze ins Lateinische:

   Eine tapfere, kluge Frau ______________________

4. Ergänze: cum viro …

   a) hoffend ______________________

   b) weise ______________________

   c) frei ______________________

   d) lachend ______________________

   e) gut ______________________

   f) reich ______________________

Zusatzstoff für Latein als zweite Fremdsprache

Die folgenden Kapitel gehören in die 7. Klasse: Latein als 2. Fremdsprache. Der Stoff in der 7. Klasse ist etwas umfangreicher als in der 5. Klasse.

Das römische Colosseum, ein Amphitheater mit Plätzen für etwa 50 000 Zuschauer.

35 Das Demonstrativpronomen ille, illa, illud

Ille, illa, illud bedeutet „jener, jene, jenes". Es ist wie hic, haec, hoc ein Demonstrativpronomen, ein hinweisendes Fürwort.

Während hic, haec, hoc das Nächstliegende bezeichnet, nennt ille das weiter entfernt Liegende.

Das Demonstrativpronomen ille, illa, illud (jener, jene, jenes) bezeichnet etwas räumlich oder zeitlich **Entferntes.**

Beispiele

hic liber	dieses Buch (hier)
aber: ille liber	jenes Buch (dort)
hoc tempore	zu dieser Zeit (heute)
aber: illa tempora	jene Zeiten, jenes Zeitalter (Vergangenheit/Zukunft)

Folgendes Deklinationsschema solltest du wieder auswendig lernen. Viele Endungen erinnern an hic, haec, hoc.

Das Demonstrativpronomen ille, illa, illud

	Singular			Plural		
	mask.	fem.	neutr.	mask.	fem.	neutr.
Nom.	ill**e**	ill**a**	ill**ud**	ill**i**	ill**ae**	ill**a**
Gen.	ill**ius**	ill**ius**	ill**ius**	ill**orum**	ill**arum**	ill**orum**
Dat.	ill**i**	ill**i**	ill**i**	ill**is**	ill**is**	ill**is**
Akk.	ill**um**	ill**am**	ill**um**	ill**os**	ill**as**	ill**a**
Abl.	ill**o**	ill**a**	ill**o**	ill**is**	ill**is**	ill**is**

36 Das Demonstrativpronomen iste, ista, istud

Iste, ista, istud heißt „dieser da, diese da, dieses da“. Das Wörtchen „da“ bei der Übersetzung ist dir vielleicht aufgefallen: Das Pronomen iste, ista, istud hat einen verächtlichen Beigeschmack. Man bezeichnet damit nur Personen oder Dinge, von denen man nichts hält. Ein bisschen drückt das im Deutschen dieses „da“ aus.

Das Demonstrativpronomen iste, ista, istud (dieser da, diese da, dieses da) drückt **Verachtung aus.**

Beispiel

„Quem invitavisti?“
„Wen hast du eingeladen?“

„Paulum.“
„Den Paulus.“

„Debemusne **istum** puerum videre?“
„Müssen wir denn diesen Knaben sehen?“
Gemeint ist: „Müssen wir denn diesen Kerl sehen?“

Die Deklination ist dieselbe wie bei ille, illa, illud. Von dort kannst du die Endungen einfach übernehmen:

	Singular			Plural		
	mask.	fem.	neutr.	mask.	fem.	neutr.
Nom.	iste	ista	istud			
Gen.						
Dat.						
Akk.						
Abl.						

37 Das Pronomen ipse, ipsa, ipsum

Das Pronomen ipse, ipsa, ipsum heißt „selbst“ und wird verwendet, um eine Person oder Sache hervorzuheben. Oft ist eine Übersetzung mit „gerade“ oder „persönlich“ möglich.

Das Pronomen **ipse, ipsa, ipsum** dient zur **Hervorhebung** einer Person oder Sache.
Übersetzungsmöglichkeiten: **selbst, gerade, persönlich.**

Beispiele

Te exspecto **ipse.**
Ich selbst (ich persönlich) erwarte dich.

Consul **ipse** domum nostram intravit.
Der Konsul selbst (persönlich) hat unser Haus betreten.

Me hoc dono **ipso** valde delectavisti.
Gerade durch dieses Geschenk hast du mich sehr erfreut.

Uxor **ipsa** intra servas lanae (lana: die Wolle, die Wollarbeit) se dedit.
Die Gattin selbst hat sich unter ihren Sklavinnen der Wollarbeit gewidmet (sie hat persönlich mitgearbeitet).

Te **ipsum** in inimicis vidi.
Dich selbst (persönlich) musste ich unter den Feinden erblicken.

Auch das Pronomen ipse, ipsa, ipsum wird wie ille, illa, illud dekliniert. Nur im Nominativ Singular Neutrum weicht die Deklination ab. Hier steht ipsum.

38 Das Demonstrativpronomen is, ea, id

Das Demonstrativpronomen is, ea id wird übersetzt mit „dieser, diese, dieses“ oder: „er, sie, es“. Auch hier wiederholst du zunächst das Deklinationsschema. Wieder begegnen dir viele bekannte Endungen.

Das Demonstrativpronomen is, ea, id

	Singular			Plural		
	mask.	fem.	neutr.	mask.	fem.	neutr.
Nom.	**is**	**ea**	**id**	**ei (ii)**	**eae**	**ea**
Gen.	**eius**	**eius**	**eius**	**eorum**	**earum**	**eorum**
Dat.	**ei**	**ei**	**ei**	**eis (iis)**	**eis (iis)**	**eis (iis)**
Akk.	**eum**	**eam**	**eum**	**eos**	**eas**	**ea**
Abl.	**eo**	**ea**	**eo**	**eis (iis)**	**eis (iis)**	**eis (iis)**

Im Plural gibt es in manchen Fällen zwei Formen nebeneinander. Teilweise ist vor -i das anlautende e- zu i- „assimiliert“ (angepasst) worden. Beide Formen kommen gleich häufig vor.

Is, ea, id wird meist als Ersatz für das fehlende Personalpronomen der dritten Person verwendet (siehe Kap. 20, S. 70 ff.).

Singular			Plural		
ego	tu	**is, ea, id**	nos	vos	**ii, eae, ea**
ich	du	er, sie, es	wir	ihr	sie

Beispiele

Amo **eum.**
Ich liebe ihn.

Galli Italiam incursaverunt. Romani autem **eos** superaverunt.
Die Gallier fielen in Italien ein. Die Römer aber haben sie besiegt.

In foro amicos spectavi. **Eis** appropinquavi.
Ich habe auf dem Forum Freunde erblickt. Ich näherte mich ihnen.

Übung 89 Übersetze im folgendem Text nur die unterstrichenen Pronomina ins Lateinische! Achte dabei auf ihre Bedeutung, damit du jeweils das richtige Pronomen nimmst, und auf Kasus, Genus und Numerus ihres Bezugswortes!

a) Gott selbst hat die Welt erschaffen. ______

b) Jener Mann gefiel mir nicht. ______

c) Ich habe sie (die fremden Männer) nie zuvor gesehen. ______

d) Jenes Theater war das größte. ______

e) Jenes Weib hat ihnen gedroht. ______

f) Diese Stadt hat mir besser gefallen als jene. ______

g) Ich habe sie (die Freundinnen) oft eingeladen. ______

h) Er verzeiht mir nicht. ______

i) Die Worte dieses Beamten haben jenem Menschen gegolten, nicht uns.

______

j) Dieser Tempel da wurde im 18. Jahrhundert erbaut (er ist nicht besonders schön). ______

k) Die Frau selbst hat uns gegrüßt. ______

l) Wir näherten uns ihm. ______

m) Er betrat ihr Haus (das Haus von ihr, deren). ______

n) Diese (bösen) Kinder da haben die Scheibe eingeworfen.

______

o) Mit diesem Mann haben wir gesprochen, jener hat nur zugehört.

______

p) Dieser Knabe da ist doch nur ein Mitläufer. ______

q) Hier ist unser Haus. ______

r) Wir verreisen mit diesem Schiff. ______

Übung 90 Setze die richtige Form des jeweils angegebenen Pronomens in die Sätze ein! Übersetze die Sätze dann!

a) Avus me valde amat, itaque ________ (is, ea, id) saepe visito.

____

b) Domina convivas salutat; convivae ________ (is, ea, id) resalutant (die Vorsilbe re- bedeutet immer „zurück“, „wieder“).

____

____

c) ________ (iste, ista, istud) honorem verum non puto.

____

d) Caesaris horti publici et pulchri sunt. Itaque in ________ (is, ea, id) saepe ambulamus.

____

____

Berühmte öffentliche Stätten zur Erholung und Pflege waren die Thermen, hier die Trajansthermen in Rom (109 n. Chr.).
Die Thermen waren gewaltige Badeanlagen mit Kalt- und Warmwasserbecken, Massage- und Saunaräumen sowie Sportanlagen. In den Gartenanlagen um die Thermen konnte man spazieren gehen.

e) ________ (ille, illa, illud) monumenta Graeciae magis clara sunt quam ________ (hic, haec, hoc) Romae.

____

f) ________ (hic, haec, hoc) exercitui libenter (gern) impero.

____

g) Oratione ________ (ipse, ipsa, ipsum) inimicos fugavit, facta necessaria non erant.

____

h) ________ (iste, ista, istud) res futuras non desideramus.

____

Übung 91 Übersetze folgende Angaben ins Lateinische und trage sie waagrecht in die nebenstehenden Kästchen ein! Wenn du die ersten Buchstaben von oben nach unten und die vierten Buchstaben von unten nach oben liest, erfährst du die Angewohnheit einer Person.

er, sie, es liebt
wir meiden
einer: Akk. Sg. m.
der Senatoren
keiner: Nom. Sg.
die Freundinnen
allein, einsam: Abl. Sg. m.

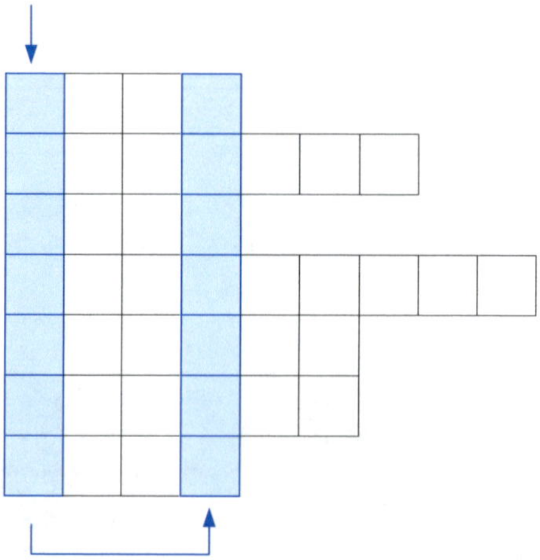

Lösung: ____

Übersetzung: ____

39 Das Verb „posse“

Posse (können) ist eine Zusammensetzung aus der Vorsilbe **pot-** und **esse.**

Das Verb „esse“ kennen wir, wir können alle seine Formen bilden. Was bedeutet aber die Vorsilbe pot-? Sie ist die Wurzel eines zweiendigen Adjektivs potis, pote: mächtig.
pos-sum (von pot-sum) heißt also: „Ich bin mächtig“, das heißt „ich bin imstande, ich kann“.

Beispiele

Cantare **possum.**
Ich kann singen.

Romani **possunt** omnibus gentibus imperare.
Die Römer können über alle Völker herrschen.

Zur Konjugation müssen wir uns einige Regeln einprägen:

1. **Vor e-** (es, est, erant usw.) bleibt die Vorsilbe **pot-** erhalten:
   pot-es: du kannst
   pot-erant: sie konnten
2. **Vor s-** (sum, sumus, sitis) wird pot- zu **pos-** .
   Man sagt: das -t- wird dem folgenden -s- „assimiliert“ (angeglichen):
   pos-sum: ich kann
   pos-sumus: wir können
   pos-sint: sie mögen können
3. Der **Infinitiv** sowie der **Konjunktiv-Imperfekt-Stamm,** der ja wie der Infinitiv gebildet wird, schrumpfen aus pot-esse zu **posse** zusammen:
   posse: können
   posse-m: ich würde können
4. posse bildet den **Perfektstamm** nicht mit fu-, sondern bildet in Anlehnung an monere (monu-i) einen eigenen Perfektstamm: **potu**-i
   An den Perfektstamm treten alle Endungen des Perfekts und Plusquamperfekts:
   potu-isse: gekonnt zu haben
   potu-erant: sie hatten gekonnt
   potu-isses: du hättest gekonnt

Nun das Konjugationsschema im Überblick. Wenn du die dir blau hervorgehobenen Endungen anschaust, siehst du, dass diese immer mit den Formen von esse übereinstimmen. Lerne die Konjugation am besten auswendig!

posse (können)	
Präsensstamm	**pot-/pos-**
Präs. Indikativ	pos**sum**, pot**es**, pot**est**, pos**sumus**, pot**estis**, pos**sunt**
Präs. Konjuktiv	pos**sim**, pos**sis**, pos**sit**, pos**simus**, pos**sitis**, pos**sint**
Imperf. Indikativ	pot**eram**, pot**eras**, pot**erat**, pot**eramus**, pot**eratis**, pot**erant**
Imperf. Konjunktiv	pos**sem**, pos**ses**, pos**set**, pos**semus**, pos**setis**, pos**sent**
Futur	pot**ero**, pot**eris**, pot**erit**, pot**erimus**, pot**eritis**, pot**erint**
Infinitiv Präsens	pos**se**
Perfektstamm	**potu-**
Perf. Indikativ	potu**i**, potu**isti**, potu**it**, potu**imus**, potu**istis**, potu**erunt**
Perf. Konjunktiv	potu**erim**, potu**eris**, potu**erit**, potu**erimus**, potu**eritis**, potu**erint**
Plusquamperf. Indikativ	potu**eram**, potu**eras**, potu**erat**, potu**eramus**, potu**eratis**, potu**erant**
Plusquamperf. Konjunktiv	potu**issem**, potu**isses**, potu**isset**, potu**issemus**, potu**issetis**, potu**issent**
Infinitiv Perfekt	potu**isse**

Verwendet wird posse immer im Zusammenhang mit einem Infinitiv:

Beispiele

Laborare **possum.**
Ich kann arbeiten.

Pugnare **possunt.**
Sie können kämpfen.

Quondam cantare **potui.**
Ich habe einmal singen können.

Übung 92 Nochmals zur Übung ein reines Formentraining. Setze ins Lateinische!

a) ihr könnt ______

b) du könntest, würdest können ______

c) er wird können ______

d) sie können ______

e) ich konnte ______

f) sie hätten können ______

g) als du gekonnt hast ______

h) wir werden können ______

i) ihr konntet ______

j) mögen wir können ______

k) du hättest können ______

l) gekonnt zu haben (Inf. Perf.) ______

m) er kann ______

n) sie mögen können ______

o) ihr würdet können ______

p) können, zu können (Inf. Präs.) ______

Übung 93 Übersetze!

a) Er wird noch lange arbeiten können.

______

b) Sie hätten arbeiten können, wenn das Wetter schön gewesen wäre.

______

c) Ich werde mit dir ein Haus bauen können, wenn es dir mit mir gefällt.

______

40 Das Passiv

Bisher haben wir nur aktive Formen gebildet, jetzt wenden wir uns dem Passiv zu.

Mit dem Passiv, der **„Leideform“**, abgeleitet von lat. pati (leiden), wird eine Handlung ausgedrückt, durch die nicht ich etwas aktiv tue, sondern durch die mir etwas getan wird.

Aktiv	**Passiv**
ich lobe	ich **werde** gelobt
ich lobte	ich **wurde** gelobt
ich werde loben	ich **werde** gelobt **werden**
ich habe gelobt	ich **bin** gelobt **worden**
ich hatte gelobt	ich **war** gelobt **worden**

Das Passiv im Präsens, Futur und Imperfekt

Wie im Aktiv stecken auch beim Passiv im Präsens, Futur und Imperfekt alle Informationen über Person, Zeit und Modus in einem Wort. Die Signale für die Zeiten und Modi sind dabei dieselben wie im Aktiv. Du musst nur die passiven Personalendungen wissen, um jede passive Verbform sofort zu erkennen.

Das Passiv im Präsens, Imperfekt und Futur I

Die Formen des Passivs im Präsens, Imperfekt und Futur I werden wie die des Aktivs gebildet, jedoch mit passiven Personalendungen.

Aktiv: lauda-ba-s
Passiv: lauda-ba-r

Wir können also im Präsens, Imperfekt und Futur I aktive Verbformen ganz einfach in passive Formen umwandeln, indem wir die aktiven Personalendungen gegen die passiven austauschen.

Personalendungen Aktiv/Passiv

	Aktiv	Passiv
1. Pers. Sg.	-o/m	**-(o)r**
2. Pers. Sg.	-s	**-ris**
3. Pers. Sg.	-t	**-tur**
1. Pers. Pl.	-mus	**-mur**
2. Pers. Pl.	-tis	**-mini**
3. Pers. Pl.	-nt	**-ntur**

Lerne auch die Personalendungen des Passivs auswendig!

Ausnahme

Eine Besonderheit im **Futur I** müssen wir uns gut einprägen:
In der **2. Person Singular** haben wir eine Unregelmäßigkeit: Statt lauda-bi-ris steht lauda-**be-**ris (du wirst gelobt werden). Nun können wir alle Passivformen im Präsens, Futur und Imperfekt bilden.

Übung 94 Ersetze in folgenden Verbformen die Aktivendung durch die Passivendung!

a) laud-o ______________ d) lauda-mus ______________

b) lauda-s ______________ e) lauda-tis ______________

c) lauda-t ______________ f) lauda-nt ______________

Übung 95 Bilde lateinisch und deutsch die Passivformen von moneo (Indikativ Präsens)!

______________ ______________

______________ ______________

______________ ______________

Übung 96 Nun setze laudatur (er wird gelobt) in die angegebene Zeit und übersetze!

a) Konjunktiv Präsens ______________

b) Futur ______________

c) Indikativ und Konjunktiv Imperfekt! ______________

____

Übung 97 Bestimme zunächst folgende Verbformen!
Verwandle dann die Aktivformen in Passivformen und übersetze diese!

laudo: 1. Pers. Sg. Ind. Präs.; laudor: ich werde gelobt

a) renovant: ____________________

b) advocabitis: ____________________

c) timebat: ____________________

d) doceret: ____________________

e) increpamus: ____________________

f) donat: ____________________

g) secent: ____________________

h) arcebant: ____________________

____

i) coerceant: ____________________

____

j) terrebis: ____________________

____

k) monebunt: ____________________

____

l) domatis: ____________________

____

m) iactas: ____________________

____

n) torqueretis: ____________________

____

Je größer das römische Reich wurde, desto schwieriger war es, die weitläufigen Grenzen zu sichern und Feinde abzuwehren.
Hier zwei römische Legionäre beim Marsch. Der vordere trägt ein Feldzeichen (signum). Steinerner Säulensockel, Mainz-Kästrich, etwa 70–85 n. Chr.

o) praecipitabamus: ____________________

p) delebant: ____________________

Das Partizip Perfekt Passiv

Bevor wir die Passivformen des Perfekts und Plusquamperfekts bilden, müssen wir uns mit dem Partizip Perfekt Passiv (PPP) beschäftigen.
Wir hatten es bisher nur mit dem Partizip Präsens Aktiv (PPA) zu tun:
laudans, laudantis: lobend
monens, monentis: mahnend

Es wird nach der 3. Deklination dekliniert, wie du am Genitiv sehen kannst.

Mit der Endung -tus, -ta, -tum bekommen wir das Partizip Perfekt Passiv:
lauda**tus**, lauda**ta**, lauda**tum** gelobt

aber:
mon**itus**, mon**ita**, mon**itum** gemahnt
Ein Ablaut kennzeichnet hier das PPP: aus mon**e**tus wird mon**i**tus.

An den Endungen erkennst du, dass das PPP wie bonus, bona, bonum dekliniert wird, also nach der a- und o-Deklination.

Das Partizip Perfekt Passiv (PPP)

Das PPP hat immer die Endung **-(t)us, -(t)a, -(t)um**, folgt also der a- und o-Deklination.

a-Konjugation: Präsensstamm + -tus, -ta, -tum laudatus, -a, -um
e-Konjugation: Präsenstamm mit Ablaut **i** + -tus, -ta, -tum monitus, -a, -um

Das PPP brauchst du wie im Deutschen, um auszudrücken, dass etwas getan worden ist. Es ist ein Teil der so genannten Stammformen eines Verbums. In Zukunft wirst du immer alle **Stammformen** eines Verbums lernen, dann weißt du den Präsensstamm, den Perfektstamm und das PPP und kannst dir aus diesen Formen alle anderen Formen des Verbs herleiten.

Beispiel

Infinitiv	**laudare**
Präsens	**laudo**
Perfekt	**laudavi**
PPP (im Neutrum)	**laudatum**

Auch auf die Karte in deinem Zettelkasten solltest du in Zukunft die oben genannten Stammformen schreiben, z. B.
monere – moneo – monui – monitum: mahnen
incursare – incurso – incursavi – incursatum: angreifen

Das PPP richtet sich wie ein Adjektiv in Kasus, Numerus und Genus nach dem dazugehörigen Substantiv.

Beispiele

liberi **amati**	die geliebten Kinder
equi **exerciti**	die geübten Pferde
victoria **cogitata**	der (nur) gedachte Sieg
puella **vocata**	das (herbei-)gerufene Mädchen
liber **datus**	ein gegebenes, geschenktes Buch
avus **territus**	der erschreckte Großvater
mundus **mutatus**	die veränderte Welt
dolus **abhibitus**	die angewendete List

Übung 98 Bilde lateinisch und deutsch das PPP folgender Verben!

a) amare ______________________

b) exercere ______________________

c) cogitare ______________________

d) vocare ______________________

e) dare ______________________

f) terrere ______________________

g) mutare ______________________

h) adhibere ______________________

i) aedificare ______________________

j) habere ______________________

Das Passiv im Perfekt und Plusquamperfekt

Das Partizip Perfekt Passiv brauchen wir, um das Passiv im Perfekt und Plusquamperfekt zu bilden. Wie im Deutschen werden auch im Lateinischen die Formen des Perfekts und Plusquamperfekts im Passiv mit dem Partizip Perfekt Passiv (PPP) und einer Form von esse gebildet.

Perfekt und Plusquamperfekt Passiv: **PPP + Hilfsverb esse**

Dabei richtet sich die Endung des PPP in Kasus, Numerus und Genus genau nach dem Subjekt.
Wenn du die jeweilige Form von esse wörtlich ins Deutsche übersetzt, bildest du automatisch die richtige Zeit.

Das Passiv im Perfekt und Plusquamperfekt		
Indikativ Perfekt	monitus **sum**	ich **bin** gemahnt worden
Konjunktiv Perfekt	monitus **sim**	ich **sei** gemahnt worden
Indikativ Plusquamperfekt	monitus **eram**	ich **war** gemahnt worden
Konjunktiv Plusquamperfekt	monitus **essem**	ich **wäre** gemahnt worden

Bist du ein Mädchen, muss das PPP natürlich feminin sein: monita sum. Im Plural muss auch das PPP in den Plural gesetzt werden: moniti sumus (bzw. monitae sumus). Bei aus Frauen und Männern gemischten Gruppen wird im Lateinischen die maskuline Pluralendung verwendet.

Auch den **Infinitiv** Perfekt Passiv kannst du ganz leicht bilden: Du nimmst das PPP im Neutrum und fügst esse dazu.
laudatum esse: gelobt worden (zu) sein

Folgende Verbbilder sollen dir noch einmal verdeutlichen, wie wichtig es ist, die einzelnen Bestandteile einer Verbindung genau voneinander zu trennen. Du musst die Signale für Tempus und Modus und die Personalendungen genau kennen. Das ist der Schlüssel zur Übersetzung eines Verbums.
Die Beispiele zeigen, was die einzelnen Bestandteile der Endungen signalisieren:

Beispiele

lauda - **ba** - **mus**

↙ ↘

Ind. Imperf. 1. Pers. Pl. Aktiv

lauda - **re** - **tis**

↙ ↘

Konj. Imperf. 2. Pers. Pl. Aktiv

lauda - **v** - **erant**

↙ ↘

Perf.-stamm 3. Pers. Pl. Ind. Plusquamperf. Aktiv

laud - **e** - **ris**

↙ ↘

Konj. Präs. 2. Pers. Sg. Passiv

lauda - **bi** - **s**

↙ ↘

Futur I 2. Pers. Sg. Aktiv

lauda - **tus** **sum**

↙ ↘

PPP Sg. mask. 1. Pers. Sg. Präs. Aktiv

zusammen: Ind. Perf. Passiv

Übung 99 Übertrage folgende Verbformen lateinisch und deutsch ins Perfekt Passiv.

rapto: ich raube *raptatus (oder raptata) sum: ich bin geraubt worden*

a) prohibemus: wir wehren ab ______

b) terretis: ihr erschreckt ______

c) parant: sie bereiten ______

d) mones: du mahnst ______

e) spectas: du siehst ______

f) moneo: ich mahne ____________________

g) servo: ich rette ____________________

Übung 100 Nun setze vor die passiven Perfektformen aus Übung 99 ein *cum* (als): damit müssen sie in den Konjunktiv treten!

rapto: ich raube *cum raptatus sim: als ich geraubt worden bin*

a) ____________________

b) ____________________

c) ____________________

d) ____________________

e) ____________________

f) ____________________

g) ____________________

Übung 101 Bestimme die Endungen folgender Verbformen, indem du Person, Numerus, Modus (Indikativ/Konjunktiv), Tempus und Genus verbi (Aktiv/Passiv) angibst! Übersetze sie auch ins Deutsche!

amavissent *3. Pers. Pl. Konj. Plusquamperf. Aktiv: sie hätten geliebt*

a) cum monitus sis

____

b) monebunt

____

c) monebis

____

d) moneberis

____

e) cum amaveritis

____

f) amamini

g) laudati erant

h) erunt

i) delebam

j) dissipantur

k) prohibitus es

l) sustinerentur

m) delector

n) educatae estis

o) vulneratus es

p) cum exerciti sitis

q) fugabimini

r) delectabuntur

s) toleremur

____

t) specto

____

u) cum recreatus esset

____

v) circumdata erant

____

w) vitatur

____

x) verberata es

____

y) celebremur

____

Wenn es Grund zum Feiern gab, wurden in Rom Spiele (v. a. Wagenrennen, Gladiatorenkämpfe und Tierhatzen) veranstaltet. Bühnenaufführungen fanden im Theater statt: Die Zuschauer saßen im Halbrund vor der Bühne. In den untersten Reihen saßen die Senatoren und hohen Beamten, danach die Ritter, darauf die Plebs und zuletzt die Frauen und Sklaven. Rekonstruktion des Marcellustheaters in Rom.

41 Die Komparation des Adjektivs

Die Komparation eines Adjektivs bedeutet seine **Steigerung** von der Grundstufe (Positiv) über die Steigerungsstufe (Komparativ) zur Höchststufe (Superlativ).

Beispiel

Der Turm ist **hoch.**	**Positiv**
Der Turm ist **höher.**	**Komparativ**
Der Turm ist **am höchsten.**	**Superlativ**

Im lateinischen Begriff Komparation steckt das Verb comparare (vergleichen): Der höhere Turm ist im Vergleich zum hohen Turm höher, der höchste Turm ist im Vergleich mit den anderen Türmen am höchsten.

Der Komparativ

Im Lateinischen bildest du den Komparativ, indem du an den Stamm des Adjektivs folgende Endungen (Suffixe) hängst: -ior, -ius (Genitiv: -ioris, -ioris).

Komparativ: Stamm des Adjektivs + **-ior, -ius (Gen. -ioris)** altus: altior, -ius

Der Komparativ ist zweiendig: Die Endung -ior, -ioris steht für Maskulin und Feminin, die Endung -ius, -ioris für das Neutrum.

Beispiele

Positiv	Stamm	Komparativ
altus, alta, altum Gen. alti, altae, alti	alt-	alt**ior**, alt**ius** Gen. alt**ioris**, alt**ioris**
celer, celeris, celere Gen. celeris	celer-	celer**ior**, celer**ius** Gen. celer**ioris**, celer**ioris**

Der Komparativ zieht meist einen Vergleichsgegenstand mit „als“ nach sich. **Als** heißt lateinisch **quam.**

Beispiele

Turris alt**ior** est quam domus.
Der Turm ist höher als das Haus.

Haec femina pulchr**ior** est quam Venus.
Diese Frau ist schöner als Venus.

Galli fort**iores** sunt quam Persae.
Die Gallier sind tapferer als die Perser.

Die Endungen erinnern an die Substantive der 3. Deklination auf -or, -oris wie orator, oratoris. Der Komparativ wird auch wie orator, oratoris dekliniert.

Merke dir: Bei der Übersetzung des Komparativs wird der eigentliche Komparativ häufig durch „ziemlich" oder „zu" übersetzt.

Die Übersetzung des Komparativs	
wörtliche Übersetzung, wenn ein Vergleichsgegenstand folgt.	altius (quam): höher (als)
Übersetzung mit **„ziemlich"** oder **„zu"**, wenn kein Vergleichsgegenstand folgt.	altius: ziemlich hoch, zu hoch

Beispiele

Arbor alt**ior** quam villa est.
Der Baum ist höher als das Haus.

Die zweite Übersetzungsmöglichkeit brauchst du vor allem bei der Verbindung des Komparativs mit esse:

Arbor alt**ior** est.
Der Baum ist ziemlich hoch, zu hoch.

Vinum calid**ius** est.
Der Wein ist ziemlich warm, zu warm.

Der Superlativ

Der Superlativ ist die Höchstform der Steigerung. Beim Superlativ wird an den Stamm des Adjektivs meist -issimus, -a, -um angehängt. An den Endungen erkennst du schon, dass der Superlativ wie ein dreiendiges Adjektiv der a- und o-Deklination dekliniert wird (bonus, bona, bonum). Alles ganz einfach.

Superlativ: Stamm des Adjektivs + **-issimus, -a, -um** altus: altissimus

Beispiele

Positiv	**Stamm**	**Superlativ**
altus, alta, altum Gen. alti, altae, alti	alt-	alt**issimus, -a, -um** Gen. alt**issimi, -ae, -i** turris alt**issima**: der höchste Turm
felix Gen. felicis	felic-	felic**issimus, -a, -um** Gen. felic**issimi, -ae, -i** vir felic**issimus** der glücklichste Mann

Zwei Gruppen von Adjektiven bilden den Superlativ allerdings nach einer eigenen Regel: Die Adjektive mit **Nominativendung -r** hängen gleich an den Nominativ -rimus, -rima, -rimum an:

Superlativ der Adjektive auf -r: Nominativ+ -rimus, -a, -um celer: celerrimus

Beispiele

Positiv	**Nominativ**	**Superlativ**
pulcher, pulchra, pulchrum Gen. pulchri, -ae, -a	pulcher-	pulcher**rimus, -a, -um** Gen. pulcher**rimi, -ae, -i** puella pulcher**rima**: das schönste Mädchen
celer, -celeris, celere Gen. celeris	celer-	celerrimus, -a, -um Gen. celer**rimi, -ae, -i** equus celer**rimus** das schnellste Pferd

Bei folgenden leicht zu merkenden Adjektiven wird der Superlativ durch Anhängen der Endung -limus, -a, -um an den Stamm gebildet:

Superlativ auf -limus, -a, -um	
facilis, facile (leicht)	facil **-limus, -a, -um**
difficilis, difficile (schwer)	difficil **-limus, -a, -um**
similis, simile (ähnlich)	simil **-limus, -a, -um**
dissimilis, dissimile (unähnlich)	dissimil **-limus, -a, -um**
humilis, humile (niedrig)	humil **-limus, -a, -um**

Übersetzt wird der Superlativ auch oft, wieder meist in Verbindung mit esse, mit sehr, ganz, äußerst, überaus.

Beispiel

Turris alt**issima** est.
Der Turm ist (am höchsten) sehr hoch, überaus hoch.

Die Übersetzung des Superlativs	
wörtliche Übersetzung bei Vergleichen	altissimus: der höchste
Übersetzung mit **„sehr", „ganz", „äußerst"** oder **„überaus"**	altissimus: sehr, ganz, äußerst, überaus hoch.

Ausnahmen

Bei folgenden Adjektiven werden Komparativ und Superlativ von einem jeweils anderen Stamm gebildet. Du musst die Formen auswendig lernen!

Ausnahmen bei der Komparation des Adjektivs

Positiv	Komparativ	Superlativ
bonus, -a, - um gut	melior, melius besser	optimus, -a, -um am besten
malus, -a, -um schlecht	peior, peius schlechter	pessimus, -a, -um am schlechtesten
magnus, -a, -um groß	maior, maius größer	maximus, -a, -um am größten
multi, -ae, -a viele	plures, plura mehrere	plurimi, -ae, -a die meisten

Übung 102 Übersetze!

a) Meine Eltern sind reicher als viele andere Römer.

b) Caesar war berühmter als sein Freund Crassus.

Caesar (geb. 100 v. Chr., ermordet 44 v. Chr.), römischer Feldherr und Politiker. Vatikanische Museen.

Übung 103 Setze lateinisch folgende Ausdrücke in den verlangten Kasus und setze dabei gleichzeitig das Adjektiv in den Komparativ!

a) vir pulcher (ein schöner Mann) – Akk.

b) feminae pulchrae (schöne Frauen) – Dat.

c) equus celer (das schnelle Pferd) – Gen.

d) templa ampla (geräumige Tempel) – Akk.

e) ventus asper (der raue Wind) – Abl.

f) eques audax (der kühne Reiter) – Akk.

g) sol acer (die scharfe Sonne) – Abl.

h) animal ferox (das wilde Tier) – Akk.

____

i) muri alti (die hohen Mauern) – Dat.

____

j) puer miser (der arme Knabe) – Akk.

____

k) villa antiqua (ein altes Haus) – Gen.

____

l) templum antiquum (der alte Tempel) – Nom.

____

m) libri clari (berühmte Bücher) – Akk.

____

n) equi celeres (die schnellen Pferde) – Gen.

____

Übung 104 Setze nun die Ausdrücke aus Übung 103 in den Superlativ!

a) ______________________________

b) ______________________________

c) ______________________________

d) ______________________________

e) ______________________________

f) ______________________________

g) ______________________________

h) ______________________________

i) ______________________________

j) ______________________________

k) ______________________________

l) ______________________________

m) ______________________________

n) ______________________________

Übung 105 Rätsel: Fülle die leeren Kästchen mit der lateinischen Übersetzung unten stehender Begriffe. Die Buchstaben, die du in die blauen Kästchen füllst, ergeben in die richtige Reihenfolge gestellt einen bekannten lateinischen Spruch.

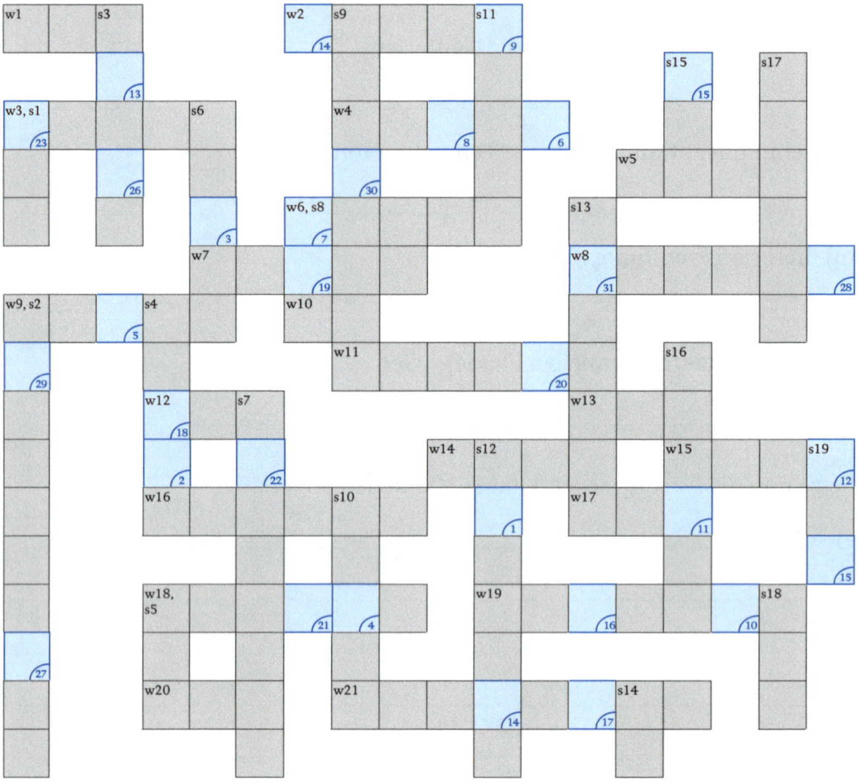

Waagrecht:

w 1 die Sitte, der Brauch
w 2 die Gesetze (Nom.)
w 3 sehr
w 4 zuerst, anfangs
w 5 die Reise, der Marsch, Weg
w 6 die Villa, das Landhaus

Senkrecht:

s 1 die Stimme (Nom.)
s 2 den Körpern (Dat.)
s 3 der Grund, Boden
s 4 bis jetzt, immer noch
s 5 die Göttin (Nom.)
s 6 auch

w 7 die Freundin (Nom.)
w 8 wir waren
w 9 die Speise (Akk.)
w 10 mich
w 11 der Tisch
w 12 hier
w 13 da, dann, darauf, damals
w 14 dem Tempel
w 15 der Großvater
w 16 die Übrigen
w 17 unter
w 18 hierauf, schließlich
w 19 unbekannt
w 20 die Großväter (Nom.)
w 21 die Pflicht (Nom.)

s 7 täglich
s 8 die Kraft (Akk. Sg.)
s 9 er möge entfalten, erklären
s 10 ich lache
s 11 die höchste
s 12 des Reiters
s 13 des Sommers
s 14 dass
s 15 er, sie, es ist
s 16 er wird lieben
s 17 der Hafen
s 18 ich bin
s 19 du mögest sein

Lösung:

1	2	3	4	5	6	7	8	9	10	11	12	13	14	15	?

16	17	18	19	20	21	22	23	24	25	26	27	28	29	30	31	!

Übersetzung: ______________________________

____

Roms Hafen zum Mittelmeer lag in Ostia. Ursprünglich waren die Römer im Gegensatz zu den Griechen kein Seefahrervolk. In den Kämpfen gegen Karthago musste Rom jedoch eine Militärflotte aufbauen. Je größer das Imperium wurde, desto wichtiger wurde die Schifffahrt als Verbindung zwischen den Provinzen. Besonders für den Handel war die Seefahrt von großer Bedeutung.
Der Leuchtturm von La Coruna im Nordwesten Spaniens ist ein Indiz dafür, dass römische Schiffe zwischen Gibraltar und England den Atlantik befuhren.

42 Das Adverb

Die Grundform des Adverbs

Das Adverb (ad-verbium) bestimmt die **Handlung eines Verbums** näher – im Gegensatz zum Adjektiv, das einem Substantiv eine besondere Eigenschaft verleiht.

Die Frage beim Adverb lautet:
Wie, unter welchen Umständen geschieht etwas?

Beispiele

Hostes appropinquant urbi.
Die Feinde nähern sich der Stadt.

Wie nähern sich die Feinde?

Hostes **celeriter** appropinquant.
Die Feinde nähern sich schnell.

Viele Adverbia sind von Adjektiven abgeleitet.
Die Adjektive der a- und o-Deklination werden durch die Endung **-e**, die Adjektive der 3. Deklination durch die Endung **-iter** oder **-ter** zum Adverb.

Das Adverb	
Adjektive der **a- und o-Deklination:** Stamm + **-e**	malus, -a, -um: mal-e
Adjektive der **3. Deklination:** Stamm + **-(i)ter**	celer, -is, -e: celer-iter

Beispiele

pulcher, pulchra, pulchrum	Adverb: pulchr**e**
fortis, forte	Adverb: fort**iter**
audax	Adverb: audac**ter**

Du musst also den Stamm des Adjektivs nehmen und die zur jeweiligen Deklination gehörende Adverb-Endung anhängen.

Die Komparation des Adverbs

Das Adverb kann natürlich auch gesteigert werden.
Der Komparativ des Adverbs wird mit der Endung des Neutrums **-ius**, der Superlativ des Adverbs wiederum mit der Endung **-e** gebildet.

Die Komparation des Adverbs		
Komparativ:	Komparativstamm des Adjektivs, Endung des Neutrums **-ius**	longior, longius: long**ius**
Superlativ:	Superlativstamm des Adjektivs, Endung **-e**	longissimus, -a, -um: long**issime**

Beispiele

Positiv	**Komparativ Stamm + -ius**	**Superlativ Superlativstamm + -e**
pulchre schön	pulchr**ius** schöner	pulcherrim**e** am schönsten
fortiter tapfer	fort**ius** tapferer	fortissim**e** am tapfersten
audacter wagemutig	audac**ius** wagemutiger	audacissim**e** am wagemutigsten

Merke dir also, dass die Endung -ius sowohl die erste Steigerungsform eines Adjektivs im Neutrum Singular als auch die des Adverbs sein kann!

Übung 106 Bilde von folgenden Adjektiven das Adverb!

a) pulcher ______________________

b) altus ______________________

c) firmus ______________________

d) celer ______________________

e) felix ______________________

f) vehemens ______________________

g) constans ______________________

h) miser ______________________

i) rectus ______________________

j) iustus ______________________

Übung 107 Übersetze!

a) Das Pferd springt (salit) hoch.

____

b) Die Frau ist tapfer und klüger als ihr Mann.

____

c) Die Frau denkt tapfer und klüger als ihr Mann.

____

d) Markus kämpfte tapferer in der Schlacht als sein Gegner.

____

e) Quintus eilte am schnellsten in die Stadt.

____

Post labores sumus maiores!

Nach einem ruhmreichen Sieg erhielt ein römischer Feldherr einen Triumph. Oft wurde ihm zu Ehren ein Triumphbogen erbaut. Hier der Bogen des Kaisers Titus auf dem Forum Romanum für die Eroberung Jerusalems 71 n. Chr.

Exkurs: Tipps und Hinweise für Wiederholungen und das Anlegen eines Zettelkastens

Die Vorbereitung auf eine Schulaufgabe

Hier einige Anmerkungen, damit du die Wiederholung und Vorbereitung auf die Schulaufgabe mit Erfolg durchführen kannst.

1. Im Inhaltsverzeichnis kannst du die Kapitel, deren Grammatikstoff du lernen willst, nachschlagen.
2. Nun solltest du die Übungsaufgaben, die darin vorkommen, selbstständig lösen und nur zur Kontrolle die Lösungen zur Hand nehmen.
3. Vor jeder Schulaufgabe solltest du den gesamten grammatischen Stoff wiederholen. Dazu gehört auch der Wortschatz, den du am besten anhand deines lückenlos geführten Zettelkastens wiederholst.

Der Zettelkasten

Besorge dir im Schreibwarengeschäft Karteikarten mit dem dazu passenden Behälter.
Diesen Behälter musst du in drei Fächer unterteilen:

- ein Fach für die neuen Vokabeln,
- das mittlere Fach für die noch zu wiederholenden Vokabeln,
- das dritte Fach für die gelernten und gut beherrschten Vokabeln, die du nur zur Schulaufgabe wiederholen musst.

Wie musst du nun die Karteikarten beschriften?
Auf eine Seite schreibst du den lateinischen Begriff, auf die andere die deutsche Bedeutung. Es ist wichtig, dass du alle deutschen Bedeutungen aufschreibst. Bei den Verben musst du immer auch die Stammformen dazuschreiben.

Beispiel

Vorderseite | Rückseite

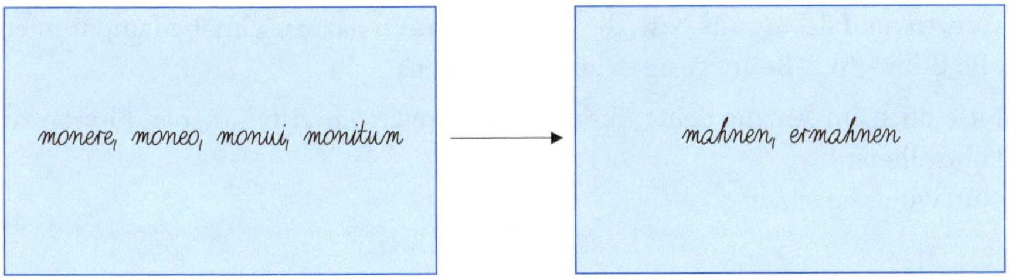

Bei den Substantiven musst du hinter den Nominativ auch den Genitiv schreiben, damit du den Stamm ableiten kannst. Auch das Geschlecht musst du notieren, entweder mit den Abkürzungen m., f. und n. oder gleich mit der entsprechenden Form eines Adjektiv, z. B. bonus, bona, bonum.

Beispiel

Vorderseite Rückseite

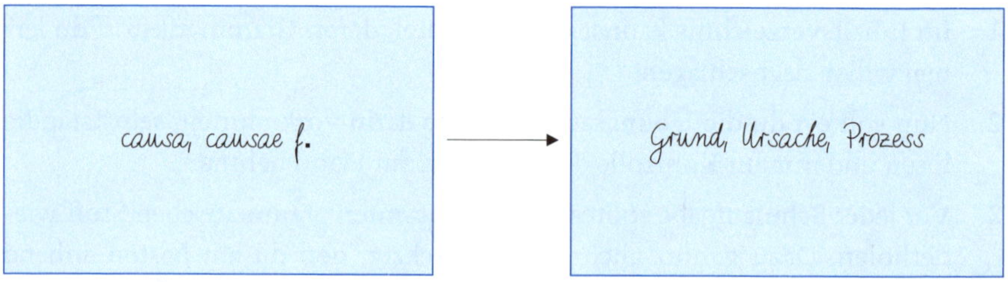

oder

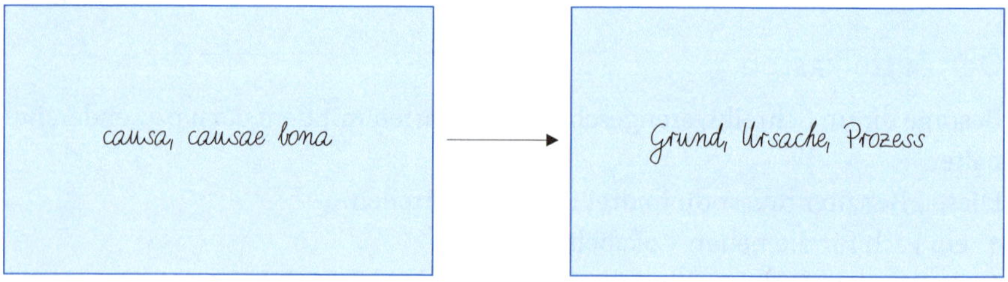

Schon bei einem gewissenhaften Eintrag wird das Wort gelernt und die Wortmuster werden im Gehirn gespeichert.
Die neu gelernten Wörter kommen in das erste Fach.
Zum Wiederholen nimmst du dir einen Stoß Karten aus dem ersten Fach und gehst ihn durch. Alle Verben, die du (ohne nachzuschauen) kannst, legst du im dritten Fach deines Zettelkastens ab. Die übrigen Karten landen im mittleren Fach. Du wiederholst so oft, dass es einen Tag vor der Schulaufgabe leer ist!

Aber jeder Zettelkasten, ist nur so gut, wie du ihn führst. Es ist ganz wichtig, **kein** Wort auszulassen, keinen Buchstaben bei einem Wort zu vergessen, den **Genitiv** und das **Genus** bzw. die **Stammformen** dazuzuschreiben und immer **alle deutschen Bedeutungen** aufzuschreiben.

Bitte doch am Anfang deine Eltern oder ältere Geschwister, deinen Eintrag zu kontrollieren!
Nun wünsche ich dir

viel Spaß!

Lösungen

Übung 1

a) Dominus servam laudat.
laudat: **er, sie, es** lobt
dominus: **Nom.**: wer lobt?
servam: **Akk.**: wen lobt er?
Übersetzung: Der Herr lobt die Sklavin.

b) Serva servum monet.
monet: **er, sie, es** mahnt
serva: **Nom.**: wer mahnt?
servum: **Akk.**: wen mahnt sie?
Übersetzung: Die Sklavin mahnt den Sklaven.

c) Lydia serva est.
est: **er, sie, es** ist
Lydia: **Nom.**: wer ist?
serva: **Nom.**: was ist sie?
Übersetzung: Lydia ist eine Sklavin.

d) Lydia et Claudius servi sunt.
sunt: **sie** sind
Lydia et Claudius: **Nom.**: wer sind sie?
servi: **Nom.**: was sind sie?
Übersetzung: Lydia und Claudius sind Sklaven.

e) Claudius servus est.
est: **er, sie, es** ist
Claudius: **Nom.**: wer ist?
servus: **Nom.**: was ist er?
Übersetzung: Claudius ist ein Sklave.

f) Dominus et domina servas laudant.
laudant: **sie** loben
dominus et domina: **Nom.**: wer lobt?
servas: **Akk.**: wen loben sie?
Übersetzung: Der Herr und die Herrin loben die Sklavinnen.

g) Servus dominam salutat.
salutat: **er, sie, es** grüßt
servus: **Nom.**: wer grüßt?
dominam: **Akk.**: wen grüßt er?
Übersetzung: Der Sklave grüßt die Herrin.

Übung 2

a) Der Herr ruft die Tochter.
b) Der Herr ruft die Herrin.
c) Die Herrin ruft den Herrn.
d) Die Herrin ruft die Dienerin.
e) Die Herrinnen mahnen die Diener.
f) Der Vater lobt die Söhne.
g) Italien ist eine Insel.
h) Gallien und Germanien sind Länder.
i) Die Mutter mahnt die Töchter.
j) Paulus fragt die Freunde.
k) Die Freunde fragen Paulus.
l) Die Freundin speist.
m) Der Lehrer zeigt die Tafel.
n) Die Diener fürchten den Herrn.
o) Der Lehrer mahnt die Mädchen, die Mädchen schweigen.
p) Die Töchter lachen.

Übung 3

a) aqu**as**
b) domin**a**
c) domin**os**
d) clama**t**
e) voca**t**
f) mone**nt**
g) es**t**
h) su**nt**
i) hort**us**
j) appropinqua**t**
k) camp**us**
l) puell**ae**
m) lud**os**
n) cena**nt**

Übung 4

a) Die Dienerinnen bereiten den Gästen das Mahl.
b) Der Großvater liest den Mädchen eine Geschichte vor.
c) Paulus schuldet dem Freund Dank.
d) Die Freunde nähern sich dem Landhaus.
e) Die Dienerin meldet der Herrin die Gäste.
f) Der Herr schenkt den Dienern Geld.
g) Der Vater erklärt dem Sohn die Geschichte.
h) Italien gefällt den Gästen.

Übung 5

a) ich lobe
b) wir erklären
c) du bist
d) sie befreien
e) ihr lacht
f) ich bin
g) er mahnt
h) er, sie, es zerstört
i) wir haben
j) ich fürchte
k) ihr seid
l) du gehorchst
m) sie schweigen
n) er, sie, es befiehlt
o) sie sind
p) ich melde
q) er, sie, es muss
r) bereiten
s) ich ersehne
t) wir sind
u) du befreist

Übung 6

a) laudat
b) dominae
c) domini
d) dominae
e) dominae
f) avo
g) monent
h) nuntiamus
i) ornatis
j) horto
k) patriam
l) ludum
m) delectant
n) porto
o) ridetis
p) filias
q) filiis
r) amicarum
s) equis
t) terrae
u) terrae
v) terrae
w) curarum
x) oculi
y) puellis
z) cibi

Übung 7

a) Domina servae imperat: Liberas fabulis pueros et puellas curis. Nam fabulae semper animos liberorum delectant.
b) Curis in schola sapientiam paramus.
c) Piratae insulae appropinquant.
d) Villas incolarum flammis delent, viros gladiis necant, sed puellas et feminas servas appellant.
e) Avus hic non est, amicum visitat.
f) Iam diu avum exspectamus.
g) Horto et villae non appropinquat.
h) Subito servus clamat: „Avus properat!"
i) Serva nos verbis curis liberat.
j) Servus discipulos cura docet.
k) Die Römer schmücken ihre Gärten und Landhäuser oft mit Statuen.
l) Der Herr beschenkt die Sklaven oft mit Geld, weil sie das Haus mit Sorgfalt pflegen.
m) Die Römer sagen: „Der Großvater schreit durch die Nase" und: „Ihr seht mehr mit der Nase als mit den Augen."
n) Ihr befreit uns von den Sorgen, oh Götter!

Übung 8

a) hortus
b) horti
c) puero
d) deorum
e) agris
f) dominae
g) dona
h) theatro
i) mensam

Übung 9

	Singular	Plural
Nom.	hortus (m.)	hort-i
Gen.	hort-i	hort-orum
Dat.	hort-o	hort-is
Akk.	hort-um	hort-os
Abl.	hort-o	hort-is

Singular	Plural
mensa (f.)	mens-ae
mens-ae	mens-arum
mens-ae	mens-is
mens-am	mens-as
mens-a	mens-is

	Singular	Plural
Nom.	villa (f.)	vill-ae
Gen.	vill-ae	vill-arum
Dat.	vill-ae	vill-is
Akk.	vill-am	vill-as
Abl.	vill-a	vill-is

Singular	Plural
templum (n.)	templ-a
templ-i	templ-orum
templ-o	templ-is
templ-um	templ-a
templ-o	templ-is

	Singular	Plural
Nom.	theatrum (n.)	theatr-a
Gen.	theatr-i	theatr-orum
Dat.	theatr-o	theatr-is
Akk.	theatr-um	theatr-a
Abl.	theatr-o	theatr-is

Singular	Plural
deus (m.)	de-i
de-i	de-orum
de-o	de-is
de-um	de-os
de-o	de-is

	Singular	Plural
Nom.	ager (m.)	agr-i
Gen.	agr-i	agr-orum
Dat.	agr-o	agr-is
Akk.	agr-um	agr-os
Abl.	agr-o	agr-is

Singular	Plural
puer (m.)	puer-i
puer-i	puer-orum
puer-o	puer-is
puer-um	puer-os
puer-o	puer-is

	Singular	Plural
Nom.	domina (f.)	domin-ae
Gen.	domin-ae	domin-arum
Dat.	domin-ae	domin-is
Akk.	domin-am	domin-as
Abl.	domin-a	domin-is

Singular	Plural
dominus (m.)	domin-i
domin-i	domin-orum
domin-o	domin-is
domin-um	domin-os
domin-o	domin-is

Übung 10

a) templ**um**: Nom., Akk. Sg.
b) agr**orum**: Gen. Pl.
c) puer**i**: Gen. Sg., Nom. Pl.
d) theatr**o**: Dat., Abl. Sg.
e) domin**a**: Nom., Abl. Sg.
f) domin**is**: Dat., Abl. Pl.
g) de**os**: Akk. Pl.
h) templ**a**: Nom., Akk. Pl.
i) camp**i**: Gen. Sg., Nom. Pl.
j) convivi**s**: Dat., Abl. Pl.
k) equ**um**: Akk. Sg.
l) liber**i**: Nom. Pl.
m) sententi**a**: Nom., Abl. Sg.

Übung 11

a) **Quis:** Wer nähert sich? Der Großvater nähert sich!
b) **Quem:** Wen erwartest du? Ich erwarte den Großvater!
c) **Quid:** Was fragst du mich? Wo ist die Mutter?
d) **Quis:** Wer erzählt ein Märchen? Die Sklavin erzählt ein Märchen.
e) **Cur:** Warum lachst du? Weil ich dich sehe.
f) **Quid:** Was erfreut dich? Der Zirkus erfreut mich.

Übung 12

a) Delectat**ne** vos circus?
b) **Nonne** ferias magis amas quam scholam?
c) **Num** magistrum timetis?
d) **Cur** rides?
e) **Quis** te visitat?
f) Servos**ne** monetis?
g) Ambulatis**ne**?
h) **Quis** est Marcus?
i) **Nonne** dona amas?

Übung 13

Infinitiv	Imperativ Sg.	Übersetzung	Imperativ Pl.	Übersetzung
monere	mon**e**	mahne!	mon**ete**	mahnt!
vituperare	vitupera	tadle!	vituper**ate**	tadelt!
ridere	rid**e**	lache!	rid**ete**	lacht!
donare	don**a**	schenke!	don**ate**	schenkt!
exspectare	exspect**a**	erwarte!	exspect**ate**	erwartet!
desiderare	desider**a**	ersehne!	desider**ate**	ersehnt!
curare	cur**a**	sorge!	cur**ate**	sorgt!
laborare	labor**a**	arbeite!	labor**ate**	arbeitet!

Übung 14

a) domina bon**a**, miser**a**
b) templa bon**a**, miser**a**
c) pueri bon**i**, miser**i**
d) dominis bon**is**, miser**is**
e) viro bon**o**, miser**o**
f) puerorum bon**orum**, miser**orum**
g) horto bon**o**, miser**o**
h) verba bon**a**, miser**a**
i) sententiis bon**is**, miser**is**
j) circum bon**um**, miser**um**
k) animi bon**i**, miser**i**
l) filiae bon**ae**, miser**ae**
m) filiorum bon**orum**, miser**orum**

Übung 15

a) filii boni; filiorum bonorum
b) convivae bonae (Gen. und Dat. Sg.); convivarum bonorum (die Gäste sind maskulin: eine Ausnahme); convivis bonis
c) patroni boni; patronorum bonorum
d) magistro bono (Dat. und Abl. Sg.); magistris bonis (Dat. und Abl. Pl.)
e) atrium bonum (Nom. und Akk. Sg.); atria bona (Nom. und Akk. Pl.)
f) mensae bonae (Gen. und Dat. Sg.); mensarum bonarum; mensis bonis
g) statuam bonam; statuas bonas
h) animus bonus; animi boni
i) populi boni; populorum bonorum
j) solum bonum (Nom. und Akk. Sg.); sola bona (Nom. und Akk. Pl.)
k) vir bonus; viri boni
l) agro bono (Dat. und Abl. Sg.); agris bonis (Dat. und Abl. Pl.)
m) vinum bonum (Nom. und Akk. Sg.); vina bona (Nom. und Akk. Pl.)

Übung 16

a) iucundorum
b) firmi
c) apto
d) rusticam
e) superba
f) magno
g) parvis
h) cuncti

Übung 17

a) Das Haus ist hoch.
b) Der Ruhm ist gering.
c) Der Bauer ist gut.
d) Ich sehe das Dach des schwarzen Hauses.
e) Der Vater ist krank.
f) Der Marktplatz ist öffentlich.
g) Viele Römer lieben die Gefahr.
h) Die Frau lobt den braven Knaben.
i) Alle besuchen die berühmten Tempel.
j) Afrika ist ein schönes Land.
k) Wir besuchen alle berühmten Tempel.
l) Er gibt einen guten Rat.

Übung 18

a) in + Akk./Abl.
b) ab + Abl.
c) a + Abl.
d) sub + Akk./Abl.
e) pro + Abl.
f) ante + Akk.
g) post + Akk.
h) cum + Abl.
i) sine + Abl.
j) de + Abl.
k) propter + Akk.
l) per + Akk.
m) ex + Abl.
n) ad + Akk.

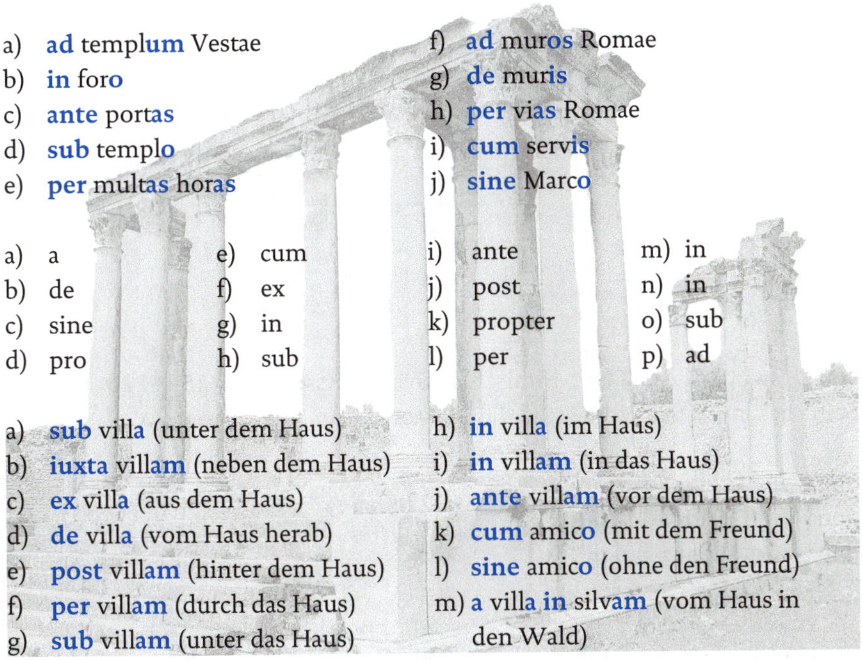

Übung 19

a) **ad** templ**um** Vestae
b) **in** for**o**
c) **ante** port**as**
d) **sub** templ**o**
e) **per** mult**as** hor**as**
f) **ad** mur**os** Romae
g) **de** mur**is**
h) **per** vi**as** Romae
i) **cum** serv**is**
j) **sine** Marc**o**

Übung 20

a) a
b) de
c) sine
d) pro
e) cum
f) ex
g) in
h) sub
i) ante
j) post
k) propter
l) per
m) in
n) in
o) sub
p) ad

Übung 21

a) **sub** vill**a** (unter dem Haus)
b) **iuxta** vill**am** (neben dem Haus)
c) **ex** vill**a** (aus dem Haus)
d) **de** vill**a** (vom Haus herab)
e) **post** vill**am** (hinter dem Haus)
f) **per** vill**am** (durch das Haus)
g) **sub** vill**am** (unter das Haus)
h) **in** vill**a** (im Haus)
i) **in** vill**am** (in das Haus)
j) **ante** vill**am** (vor dem Haus)
k) **cum** amic**o** (mit dem Freund)
l) **sine** amic**o** (ohne den Freund)
m) **a** vill**a** **in** silv**am** (vom Haus in den Wald)

Übung 22

	donare	Übersetzung
1. Pers. Sg.	dona-**ba-m**	ich schenkte
2. Pers. Sg.	dona-**ba-s**	du schenktest
3. Pers. Sg.	dona-**ba-t**	er, sie, es schenkte
1. Pers. Pl.	dona-**ba-mus**	wir schenkten
2. Pers. Pl.	dona-**ba-tis**	ihr schenktet
3. Pers. Pl.	dona-**ba-nt**	sie schenkten

	ridere	Übersetzung
1. Pers. Sg.	ride-**ba-m**	ich lachte
2. Pers. Sg.	ride-**ba-s**	du lachtest
3. Pers. Sg.	ride-**ba-t**	er, sie, es lachte
1. Pers. Pl.	ride-**ba-mus**	wir lachten
2. Pers. Pl.	ride-**ba-tis**	ihr lachtet
3. Pers. Pl.	ride-**ba-nt**	sie lachten

Übung 23

D	O	N	A	B	A	**T**	I	S					
		P	A	R	A	B	**A**	M	U	S			
						T	A	**C**	E	B	A	S	
								L	**I**	B	E	R	O
							E	R	A	**T**	I	S	
										S	**U**	N	T
						E	R	R	A	B	A	**S**	

Lösungswort: **TACITUS**, römischer Geschichtsschreiber (55–120 n. Chr.). Seine bekanntesten Werke sind die „Historiae“ und die „Germania“.

Übung 24

dona-**bo** dona-**bi-mus**
dona-**bi-s** dona-**bi-tis**
dona-**bi-t** dona-**bu-nt**

Übung 25

a) er**a**s: du warst
b) lauda**ba**t: er, sie, es lobte
c) mone**ba**nt: sie lobten
d) er**a**nt: sie waren
e) er**a**mus: wir waren
f) lauda**ba**tis: ihr lobtet
g) mone**ba**s: du mahntest
h) mone**ba**tis: ihr mahntet
i) lauda**ba**mus: wir lobten
j) lauda**ba**m: ich lobte
k) mone**ba**mus: wir mahnten
l) lauda**ba**nt: sie lobten

Übung 26

a) er**i**s: du wirst sein
b) lauda**bi**t: er, sie, es wird loben
c) mone**bu**nt: sie werden mahnen
d) er**u**nt: sie werden sein
e) er**i**mus: wir werden sein
f) lauda**bi**tis: ihr werdet loben
g) mone**bi**s: du wirst mahnen
h) mone**bi**tis: ihr werdet mahnen
i) lauda**bi**mus: wir werden loben
j) lauda**bo**: ich werde loben
k) mone**bi**mus: wir werden mahnen
l) lauda**bu**nt: sie werden loben

Übung 27

a) mone**bunt**: 3. Pers. Pl. Fut. I
b) tace**bam**: 1. Pers. Sg. Imperf.
c) festina**bamus**: 1. Pers. Pl. Imperf.
d) appropinqua**bunt**: 3. Pers. Pl. Fut. I
e) **sunt**: 3. Pers. Pl. Präs.
f) **erant**: 3. Pers. Pl. Imperf.
g) **erunt**: 3. Pers. Pl. Fut. I
h) laud**ant**: 3. Pers. Pl. Präs.
i) lauda**bant**: 3. Pers. Pl. Imperf.
j) lauda**bunt**: 3. Pers. Pl. Fut. I
k) mone**o**: 1. Pers. Sg. Präs.
l) mone**bam**: 1. Pers. Sg. Imperf.

m) mone**bo**: 1. Pers. Sg. Fut. I
n) lauda**bo**: 1. Pers. Sg. Fut. I
o) ride**bant**: 3. Pers. Pl. Imperf.
p) tace**bat**: 3. Pers. Sg. Imperf.
q) ride**bunt**: 3. Pers. Pl. Fut. I
r) tace**bam**: 1. Pers. Sg. Imperf.
s) para**bamus**: 1. Pers. Pl. Imperf.
t) erra**bat**: 3. Pers. Sg. Imperf.
u) **eritis**: 2. Pers. Pl. Fut. I
v) impera**bam**: 1. Pers. Sg. Imperf.

Übung 28

a) wir mögen mahnen, hoffentlich mahnen wir
b) sie mögen loben, hoffentlich loben sie
c) ihr mögt loben, hoffentlich lobt ihr
d) er, sie, es möge mahnen, hoffentlich mahnt er, sie, es
e) sie mögen schweigen, hoffentlich schweigen sie
f) sie mögen gehorchen, hoffentlich gehorchen sie
g) du mögest zeigen, hoffentlich zeigst du
h) wir mögen uns nähern, hoffentlich nähern wir uns
i) er, sie, es möge sehen, hoffentlich sieht er, sie, es
j) wir mögen betrachten, hoffentlich betrachten wir
k) ihr mögt tragen, hoffentlich tragt ihr
l) du mögest auftragen, hoffentlich trägst du auf
m) er, sie, es möge melden, hoffentlich meldet er, sie, es

Übung 29

Indikativ Präsens	Konjunktiv Präsens	Konjunktiv Imperfekt
monet er mahnt	mone**a**t er möge mahnen	mone**re**t er würde mahnen
vocant sie rufen	voc**e**nt sie mögen rufen	voca**re**nt sie würden rufen
paro ich bereite	par**e**m ich möge bereiten	para**re**m ich würde bereiten
appropinquamus wir nähern uns	appropinqu**e**mus wir mögen uns nähern	appropinqua**re**mus wir würden uns nähern
rides du lachst	ride**a**s du mögest lachen	ride**re**s du würdest lachen
habent sie haben	habe**a**nt sie mögen haben	habe**re**nt sie würden haben
prohibetis ihr haltet ab	prohibe**a**tis ihr möget abhalten	prohibe**re**tis ihr würdet abhalten
desiderant sie ersehnen	desider**e**nt sie mögen ersehnen	desidera**re**nt sie würden ersehnen

Indikativ Präsens	Konjunktiv Präsens	Konjunktiv Imperfekt
compleo ich fülle an	compleam ich möge anfüllen	complerem ich würde anfüllen
vulneras du verwundest	vulneres du mögest verwunden	vulnerares du würdest verwunden
terrent sie erschrecken	terreant sie mögen erschrecken	terrerent sie würden erschrecken
sum ich bin	sim ich möge sein	essem ich wäre (würde sein)
sunt sie sind	sint sie mögen sein	essent sie wären (würden sein)

Übung 30

a) rogemus: (b) wir mögen fragen
b) erant: (a) sie waren
c) essent: (c) sie würden sein
d) intrares: (c) du würdest eintreten
e) desiderarent: (c) sie würden sich sehnen
f) paramus: (a) wir bereiten
g) compleant: (b) sie mögen anfüllen
h) haberetis: (c) ihr würdet haben
i) ambulat: (a) er geht spazieren
j) spectent: (b) sie mögen sehen
k) laudaremus: (c) wir würden loben

Übung 31

a) Semper valeamus. Semper valeamus.
b) Romam visitaremus, si multam pecuniam haberemus.
c) Discipuli boni essent, si magistri semper laudarent.
d) Beati simus.
e) Contenti sitis, nam dei vobis multum dabant.
f) Contenti essemus, si nos laudaretis.
g) Bedaium visitabimus, quia magister optat.
h) Hodie rideamus et hodie cantemus, quia curis liberi sumus.
i) Te visitabo, et tibi de amicis nostris narrabo.
j) Amicos invitemus et ludis nos demus.
k) Feriis Romam visitabimus.

Übung 32

Indikativ Präsens	Konjunktiv Präsens	Indikativ Imperfekt	Konjunktiv Imperfekt	Futur I
servant sie retten	servent sie mögen retten	servabant sie retteten	servarent sie würden retten	servabunt sie werden retten
terres du er-schreckst	terreas du mögest erschrecken	terrebas du erschreck-test	terreres du würdest erschrecken	terrebis du wirst erschrecken
explicatis ihr erklärt	expliceti s ihr möget erklären	explicabatis ihr erklärtet	explicaretis ihr würdet erklären	explicabitis ihr werdet erklären
ambulamus wir gehen spazieren	ambulemus wir mögen spazieren gehen	ambulabamus wir gingen spazieren	ambularemus wir würden spazieren gehen	ambulabimus wir werden spazieren gehen
sum ich bin	sim ich möge sein	eram ich war	essem ich würde sein	ero ich werde sein
mones du mahnst	moneas du mögest mahnen	monebas du mahntest	moneres du würdest mahnen	monebis du wirst mahnen
complent sie füllen an	compleant sie mögen anfüllen	complebant sie füllten an	complerent sie würden anfüllen	complebunt sie werden anfüllen
videmus wir sehen	videamus wir mögen sehen	videbamus wir sahen	videremus wir würden sehen	videbimus wir werden sehen
rogatis ihr fragt	rogetis ihr möget fragen	rogabatis ihr fragtet	rogaretis ihr würdet fragen	rogabitis ihr werdet fragen
narrant sie erzählen	narrent sie mögen erzählen	narrabant sie erzählten	narrarent sie würden erzählen	narrabunt sie werden erzählen
opto ich wünsche	optem ich möge wünschen	optabam ich wünschte	optarem ich würde wünschen	optabo ich werde wünschen

Indikativ Präsens	Konjunktiv Präsens	Indikativ Imperfekt	Konjunktiv Imperfekt	Futur I
habet er hat	habe**at** er möge haben	habe**bat** er hatte	habe**re**t er würde haben	habe**bit** er wird haben

Übung 33 **Text 1:** Eine Reise nach Griechenland

Subjekt und Prädikat:

a) visita**bimus**: 1. Pers. Pl. Futur I
b) specta**bimus**: 1. Pers. Pl. Futur I
c) pater narra**bit**: 3. Pers. Sg. Futur I
Graecia **erat**: 3. Pers. Sg. Imperf. Ind.
Graeci habita**bant**: 3. Pers. Pl. Imperf. Ind.
d) tyranni impera**bant**: 3. Pers. Pl. Imperf. Ind.
e) Graeci ama**bant**: 3. Pers. Pl. Imperf. Ind.
Graeci fugare stude**bant**: 3. Pers. Pl. Imperf. Ind.

Adjektive:

a) ---
b) templ**a** pulchr**a**: die schönen Tempel; vi**as** angust**as**: enge Gassen, oppid**orum** antiqu**orum**: der alten Städte
c) Graeci**a** liber**a** erat: Griechenland war frei; Graec**i** liber**i**: die freien Griechen; mult**os** ann**os**: viele Jahre; in oppid**is** pulchr**is**: in schönen Städten
d) tyrann**i** impi**i**: die gottlosen Tyrannen; incol**is** prob**is**: den rechtschaffenen Einwohnern
e) Graec**i** miser**i**: die armen Griechen; vit**am** liber**am**: das freie Leben; cunct**os** tyrann**os**: alle Tyrannen

Übersetzung:

a) Bald werden wir Griechenland besuchen
b) In Griechenland werden wir schöne Tempel und enge Straßen der alten Städte besichtigen.
c) Da wird der Vater erzählen: „Griechenland war lange Zeit frei, die freien Griechen wohnten viele Jahre in ihren schönen Städten."
d) Dann beherrschten in einigen Städten gottlose Tyrannen die rechtschaffenen Bürger.
e) Die armen Griechen aber, weil sie das freie Leben sehr liebten, bemühten sich, alle Tyrannen in die Flucht zu schlagen.

Text 2: Markus will nach Griechenland

Subjekt und Prädikat:

a) Marcus **erit**: 3. Pers. Sg. Futur I
b) roga**mus**: 1. Pers. Pl. Präs. Ind.; naviga**bis**: 2. Pers. Sg. Futur I
c) venti **erunt**: 3. Pers. Pl. Futur I ; festina**bimus**: 1. Pers. Pl. Futur I
d) via **est**: 3. Pers. Sg. Präs. Ind. ; debe**mus**: 1. Pers. Pl. Präs. Ind.
e) non time**bo**: 1. Pers. Sg. Futur I ; Titus **est**: 3. Pers. Sg. Präs. Ind.

Adjektive:

a) ---
b) ---
c) vent**i** iucund**i**: günstige Winde; cum naut**is** prob**is**: mit erfahrenen Seeleuten
d) vi**a** plen**a** **est**: der Weg ist voll
e) pericul**a** crebr**a**: zahlreiche Gefahren; insidi**as** mal**as**: den schlimmen Hinterhalt (insidiae, -arum: Pluralwort, die dt. Bedeutung steht im Sg.: der Hinterhalt); magister navigii valde perit**us**: der sehr erfahrene Kapitän

Übersetzung:

a) Markus wird in den Ferien in Griechenland sein.
b) Wir fragen: „Wann wirst du segeln?“
c) Markus antwortet: „Wenn die Winde günstig sein werden, werden wir mit erfahrenen Seeleuten nach Griechenland eilen.“
d) Weil der Weg nach Griechenland voller (voll von) Gefahren ist, werden wir dem Rat des Kapitäns folgen müssen.
e) Aber ich werde die häufigen Gefahren und den schlimmen Hinterhalt nicht fürchten, denn Titus ist ein sehr erfahrener Kapitän.

Übung 34

a) dur**ae**
b) vestr**os**
c) mult**os**
d) aegr**i** (Jungen); aegr**ae** (Mädchen)
e) tu**um**
f) magn**ae**

Übung 35

a) amica **mea**
b) avum **tuum**
c) oppidorum **nostrorum**
d) amicis **vestris**
e) in villa **sua**
f) cum equo **tuo**
g) domino **tuo**
h) cum avo **tuo**
i) ante villam **meam**
j) mensam **meam**
k) cum puero **suo**
l) inimicis **nostris**
m) dominae **vestrae**
n) in hortis **meis**
o) miseriam **vestram**
p) servorum **suorum**

Übung 36

a) ego, vos, vobiscum: **Personal**pronomen
b) te: **Personal**pronomen
c) nobis: **Personal**pronomen
d) me: **Personal**pronomen
e) suis: **Possessiv**pronomen
f) te: **Personal**pronomen
g) suas: **Possessiv**pronomen
h) nostri, nostra: **Possessiv**pronomen
i) te: **Personal**pronomen

Übung 37

a) **nobiscum**
Claudia und Markus gehen mit uns im Garten spazieren.
b) **tuus**
Wo ist dein Pferd, Claudia?
c) **nostra**
Unsere Villa ist nicht klein.
d) **vestra**
Eure neue Statue aus Griechenland ist schön.
e) **nostrum**
Heute werde ich unseren Großvater besuchen.
f) **mihi**
Er gibt mir Geld.
g) **mea, tua**
Das Meine ist auch das Deine.
(Was bedeutet, dass alles, was mir gehört, auch dir gehört.)

Übung 38

a) Villam **meam** intro.
b) **Tu** villam **meam** intras.
c) **Me** vident.
d) **Vos** video.
e) Ignoratisne hortum **nostrum?**
f) **Mihi** nihil donabas.
g) Verba **vestra mihi** nota sunt.
h) Verba **mea vobis** nota sunt.
i) Homo malus solum divitias **suas** amat.
j) **Nobis** pecuniam portatis.
k) **Vobis** pecuniam porto.
l) Ambulasne **mecum?**
m) Cuncta **nostra** miseris damus.

Übung 39

a) Amici **de se** narrant.
b) In horto **suo** ambulat.
c) Avus librum **a nobis** optat.

Übung 40

a) villae meae
b) in hortis vestris
c) dona tua
d) servi nostri
e) sub tectis suis
f) ante villas meas

Übung 41

a) fides certa, fidei certae, fidei certae, fidem certam, fide certa
fides certae, fiderum certarum, fidebus certis, fides certas, fidebus certis
b) spes bona, spei bonae, spei bonae, spem bonam, spe bona
spes bonae, sperum bonarum, spebus bonis, spes bonas, spebus bonis
c) acies periculosa, aciei periculosae, aciei periculosae, aciem periculosam, acie periculosa
acies periculosae, acierum periculosarum, aciebus periculosis, acies periculosas, aciebus periculosis

Übung 42

a) fides bonae
b) sperum bonarum
c) diebus bonis
d) meridies bonos
e) rebus publicis

Übung 43

a) Graeci et Romani antiqui deis diebus bonis et diebus malis immolabant et eis fidem servabant.
b) In bellis auxilium deorum sperabant. Aras aedificabant et bestias sacrificabant.
c) Sacrificia res adversas a re publica prohibere debebant.
d) Graeci antiqui deis non solum diebus festis sacrificia dabant, sed etiam certamina habebant.

Übung 44

a) in rebus secundis: Abl. Pl., im Glück
b) dierum festorum: Gen. Pl., der Festtage
c) rem publicam: Akk. Sg., den Staat
d) perniciebus malis: Dat. Pl., den bösen Untergängen
e) die festo: Abl. Sg., an dem Festtag
f) meridies purus: Nom. Sg., der klare Mittag
g) res futuras: Akk. Pl., die Zukunft
h) spem bonam: Akk. Sg., die gute Hoffnung
i) rerum publicarum: Gen. Pl., der Staaten
j) fidei falsae: Gen. Sg., des falschen Versprechens
fidei falsae: Dat. Sg., dem falschen Versprechen
fides falsae: Nom. Pl., die falschen Versprechen

k) diei boni: Gen. Sg., des guten Tages
dies boni: Nom. Pl., die guten Tage
l) spei novae: Gen. oder Dat. Sg., der guten Hoffnung
spes novae: Nom. Pl., die guten Hoffnungen

Übung 45
a) (metus: **Akk. Pl.**) Markus hatte große Ängste.
b) (magistratibus: **Abl. Sg.**, tumultum: **Akk. Sg.**)
Durch gute Beamte vermied Cato einen schlimmen Aufruhr.
c) (vultus: **Nom. Sg.**) Die Miene des Großvaters war heute streng.
d) (exercitus: **Gen. Sg.**, impetus: **Akk. Pl.**)
Die Bewohner Roms wehrten die Angriffe des gefährlichen Heeres gut ab.
e) (principatum: **Akk. Sg.**, senatus: **Gen. Sg.**)
Die Römer fürchteten die Vorherrschaft des Senates nicht.
f) (casus: **Nom. Pl.**) Schlimme Zufälle bereiteten dem Herrn große Sorgen.
g) (impetus: **Akk. Pl.**, exercitus: **Nom. Sg.**)
Nach den Angriffen feierte das Heer den Sieg.

Übung 46

a-Deklination	o-Deklination	e-Deklination	u-Deklination
femina, feminae bona agricola, agricolae bonus gloria, gloriae bona	periculum, periculi bonum puer, pueri, bonus ludus, ludi bonus morbus, morbi bonus ventus, venti bonus **modus**, modi bonus **campus**, campi bonus	meridies, meridiei bonus res, rei bona fides, fidei bona dies, diei bonus acies, aciei bona spes, spei bona	casus, casus bonus exercitus, exercitus bonus domus, domus bona spiritus, spiritus bonus usus, usus bonus porticus, porticus bona aquaeductus, aquaeductus bonus

Übung 47

Ind. Präs.	Konj. Präs.	Ind. Imperf.	Konj. Imperf.	Futur I
vident sie sehen	vide**a**nt sie mögen sehen	vide**ba**nt sie sahen	vide**re**nt sie würden sehen	vide**bu**nt sie werden sehen
ignoro ich weiß nicht	ignor**e**m ich möge nicht wissen	ignora**ba**m ich wusste nicht	ignora**re**m ich wüsste nicht	ignora**bo** ich werde nicht wissen
das du gibst	d**e**s du mögest geben	da**ba**s du gabst	da**re**s du gäbest	da**bi**s du wirst geben
deliberatis ihr überlegt	delibe**re**tis ihr möget überlegen	delibera**ba**tis ihr über-legtet	delibera**re**tis ihr würdet überlegen	delibera**bi**tis ihr werdet überlegen
complent sie füllen an	comple**a**nt sie mögen anfüllen	comple**ba**nt sie füllten an	comple**re**nt sie würden anfüllen	comple**bu**nt sie werden anfüllen
optatis ihr wünscht	opt**e**tis ihr möget wünschen	opta**ba**tis ihr wünschtet	opta**re**tis ihr würdet wünschen	opta**bi**tis ihr werdet wünschen
postulat er verlangt	postul**e**t er möge verlangen	postula**ba**t er verlangte	postula**re**t er würde verlangen	postula**bi**t er wird verlangen
rogamus wir fragen	rog**e**mus wir mögen fragen	roga**ba**mus wir fragten	roga**re**mus wir würden fragen	roga**bi**mus wir werden fragen
estis ihr seid	**si**tis ihr möget sein	**era**tis ihr wart	**esse**tis ihr würdet sein	**eri**tis ihr werdet sein

Übung 48

a) agita-**v-**
b) oppugna-**v-**
c) colloca-**v-**
d) ama-**v-**
e) canta-**v-**
f) onera-**v-**

Übung 49

a) 2. Pers. Sg.: agita-**v-isti**
du hast gehandelt
2. Pers. Pl.: agita-**v-istis**
ihr habt gehandelt

b) 2. Pers. Sg.: oppugna-**v-isti**
du hast bekämpft
2. Pers. Pl.: oppugna-**v-istis**
ihr habt bekämpft

c) 2. Pers. Sg.: colloca-**v-isti** — du hast erbaut | 2. Pers. Pl.: colloca-**v-istis** — ihr habt erbaut

d) 2. Pers. Sg.: ama-**v-isti** — du hast geliebt | 2. Pers. Pl.: ama-**v-istis** — ihr habt geliebt

e) 2. Pers. Sg.: canta-**v-isti** — du hast gesungen | 2. Pers. Pl.: canta-**v-istis** — ihr habt gesungen

e) 2. Pers. Sg.: onera-**v-isti** — du hast beladen | 2. Pers. Pl.: onera-**v-istis** — ihr habt beladen

Übung 50

a) arc-**u-**
b) stud-**u-**
c) terr-**u-**
d) val-**u-**
e) deb-**u-**
f) retin-**u-**

Übung 51

L	A	U	D	A	V	**I**	S	T	I							
				F	U	I	**M**	U	S							
						I	M	**P**	I	U	S					
					M	O	N	U	**E**	R	U	N	T			
								A	U	**R**	U	M				
								D	O	N	**A**	B	I	T	I	S
							C	L	A	M	A	**T**	I	S		
											A	V	**O**			
												P	O	**R**	T	A

Lösungswort: **IMPERATOR** (Feldherr, Kaiser)

Übung 52

a) celebra-**v-imus**
b) arc-**u-erunt**
c) spera-**v-istis**
d) serva-**v-i**
e) adhib-**u-isti**
f) orna-**v-erunt**
g) sacrifica-**v-istis**
h) plac-**u-erunt**
i) terr-**u-isti**
j) par-**u-isti**
k) supera-**v-erunt**

Übung 53

Präsensstamm	Perfektstamm	Perfektform	Übersetzung
comple-	comple-**v-**	comple**vi**	ich habe angefüllt
spera-	spera-**v-**	spera**vistis**	ihr habt gehofft
serva-	serva-**v-**	serva**vi**	ich habe geschützt
adhibe-	adhib-**u-**	adhib**uisti**	du hast abgehalten
orna-	orna-**v-**	orna**visti**	du hast geschmückt

Präsensstamm	Perfektstamm	Perfektform	Übersetzung
sacrifica-	sacrifica-**v**-	sacrifica**vit**	er, sie, es hat geweiht
place-	plac-**u**-	plac**uit**	er, sie, es hat gefallen
arce-	arc-**u**-	arc**uit**	er, sie, es hat abgewehrt
terre-	terr-**u**-	terr**ui**	ich habe erschreckt
pare-	par-**u**-	par**uimus**	wir haben gehorcht
aedifica-	aedifica-**v**-	aedifica**verunt**	sie haben erbaut

Übung 54

a) **fuit:** er, sie, es ist gewesen
b) **fuistis:** ihr seid gewesen
c) **fui:** ich bin gewesen
d) **fuisti:** du bist gewesen
e) **fuisti:** du bist gewesen
f) **fuit:** er, sie, es ist gewesen
g) **fuit:** er, sie, es ist gewesen
h) **fui:** ich bin gewesen
i) **fui:** ich bin gewesen
j) **fuimus:** wir sind gewesen
k) **fuerunt:** sie sind gewesen

Übung 55

a) renova**verunt**
b) exerc**ueris**
c) prohib**ueritis**
d) tolera**vimus**
e) labora**visse**
f) **fuerim**
g) mon**ueris**
h) hab**uit**
i) tim**uerim**
j) vitupera**veris**
k) monstra**verit**
l) noc**uerit**
m) supera**veritis**
n) **fueritis**

Übung 56

a) lauda**veri**m
b) mon**ueris**
c) lauda**veri**t
d) lauda**veri**tis
e) mon**uerimus**
f) lauda**veri**nt
g) fu**eris**
h) lauda**veri**t
i) lauda**vi**sti
j) lauda**vi**stis
k) lauda**veri**tis
l) mon**ueri**nt
m) mon**ueru**nt
n) mon**ui**sti
o) mon**ueris**

Übung 57

	Indikativ	Konjunktiv
Präsens	ignorat er weiß nicht	ignor**e**t er möge nicht wissen
Imperfekt	ignora**bat** er wusste nicht	ignora**re**t er würde nicht wissen
Futur I	ignora**bit** er wird nicht wissen	X
Perfekt	ignora**vi**t er hat nicht gewusst	cum ignora**veri**t als er nicht gewusst hat

	Indikativ	Konjunktiv
Präsens	donas du schenkst	dones du mögest schenken
Imperfekt	donabas du schenktest	donares du würdest schenken
Futur I	donabis du wirst schenken	
Perfekt	donavisti du hast geschenkt	cum donaveris als du geschenkt hast

	Indikativ	Konjunktiv
Präsens	deliberant sie überlegen	deliberent sie mögen überlegen
Imperfekt	deliberabant sie überlegten	deliberarent sie würden überlegen
Futur I	deliberabunt sie werden überlegen	
Perfekt	deliberaverunt sie haben überlegt	cum deliberaverint als sie überlegt haben

	Indikativ	Konjunktiv
Präsens	opto ich wünsche	optem ich möge wünschen
Imperfekt	optabam ich wünschte	optarem ich würde wünschen
Futur I	optabo ich werde wünschen	
Perfekt	optavi ich habe gewünscht	cum optaverim weil ich gewünscht habe

	Indikativ	Konjunktiv
Präsens	postulatis ihr fordert	postul**e**tis ihr möget fordern
Imperfekt	postula**ba**tis ihr fordertet	postula**re**tis ihr würdet fordern
Futur I	postula**bi**tis ihr werdet fordern	
Perfekt	postula**vistis** ihr habt gefordert	cum postula**veri**tis als ihr gefordert habt

	Indikativ	Konjunktiv
Präsens	sumus wir sind	**si**mus wir mögen sein
Imperfekt	**era**mus wir waren	**esse**mus wir würden sein
Futur I	**eri**mus wir werden sein	
Perfekt	**fui**mus wir sind gewesen	cum **fueri**mus weil wir gewesen sind

Übung 58

a) copi**as**: Akk. Pl.
nostr**as**: Akk. Pl.
mult**i**: Nom. Pl.
German**i**: Nom. Pl.
comple**verunt**: 3. Pers. Pl. Perf. Ind.
Auch unsere Truppen haben viele Germanen angefüllt.

b) rog**emus**: 1. Pers. Pl. Präs. Konj.
vir**um**: Akk. Sg.
Germanic**um**: Akk. Sg.
de patri**a**: Abl. Sg.
su**a**: Abl. Sg.
miser**a**: Abl. Sg.
Lasst uns den germanischen Mann über seine arme Heimat befragen!

c) German**us**: Nom. Sg.
narra**t**: 3. Pers. Sg. Präs. Ind.
Der Germane erzählt:

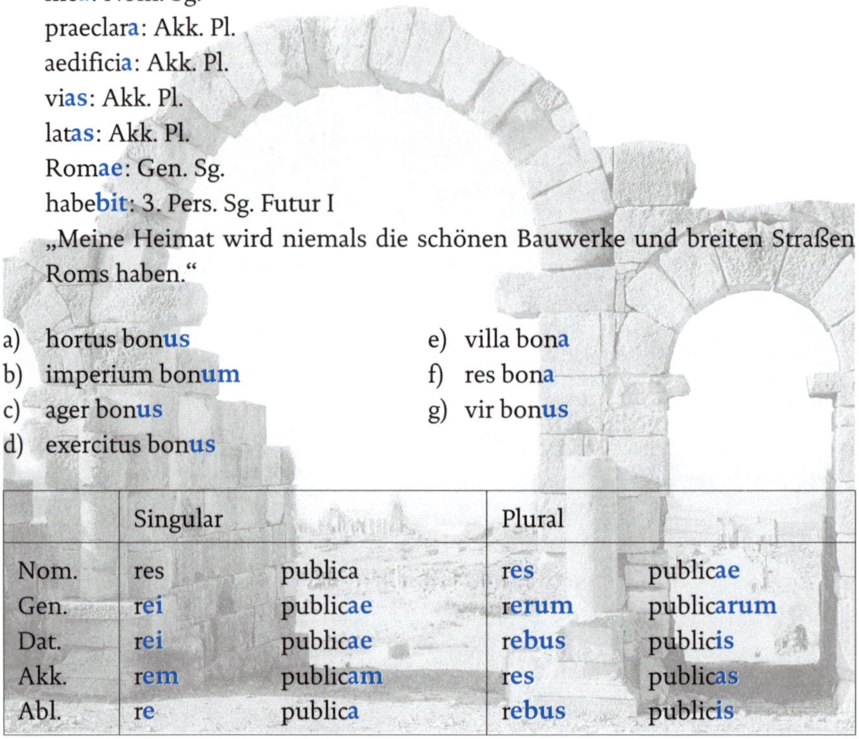

d) Patria: Nom. Sg.
mea: Nom. Sg.
praeclara: Akk. Pl.
aedificia: Akk. Pl.
vias: Akk. Pl.
latas: Akk. Pl.
Romae: Gen. Sg.
habebit: 3. Pers. Sg. Futur I
„Meine Heimat wird niemals die schönen Bauwerke und breiten Straßen Roms haben."

Übung 59

a) hortus bonus
b) imperium bonum
c) ager bonus
d) exercitus bonus
e) villa bona
f) res bona
g) vir bonus

Übung 60

	Singular		Plural	
Nom.	res	publica	res	publicae
Gen.	rei	publicae	rerum	publicarum
Dat.	rei	publicae	rebus	publicis
Akk.	rem	publicam	res	publicas
Abl.	re	publica	rebus	publicis

	Singular		Plural	
Nom.	puer	bonus	pueri	boni
Gen.	pueri	boni	puerorum	bonorum
Dat.	puero	bono	pueris	bonis
Akk.	puerum	bonum	pueros	bonos
Abl.	puero	bono	pueris	bonis

	Singular		Plural	
Nom.	casus	malus	casus	mali
Gen.	casus	mali	casuum	malorum
Dat.	casui	malo	casibus	malis
Akk.	casum	malum	casus	malos
Abl.	casu	malo	casibus	malis

	Singular		Plural	
Nom.	villa	clara	villae	clarae
Gen.	villae	clarae	villarum	clararum
Dat.	villae	clarae	villis	claris
Akk.	villam	claram	villas	claras
Abl.	villa	clara	villis	claris

Übung 61

a) terreas: du **mögest** erschrecken
b) ambules: du **mögest** spazierengehen
c) tenerent: sie **würden** halten
d) paruisset: er, sie, es **hätte** gehorcht
e) pararemus: wir **würden** bereiten
f) superavissetis: ihr **hättet** überwunden
g) administrarem: ich **würde** verwalten
h) prohibeant: sie **mögen** abhalten
i) spectem: ich **möge** sehen
j) oppugnavissemus: wir **hätten** angegriffen
k) expugnetis: ihr **möget** erobern
l) deleres: du **würdest** zerstören
m) haberes: du **würdest** haben
n) properavisset: er, sie, es **hätte** sich beeilt
o) dent: sie **mögen** geben
p) essetis: ihr **würdet** sein

Übung 62

	Indikativ	Konjunktiv
Präsens	ambulatis ihr geht spazieren	ambuletis ihr möget spazierengehen
Imperfekt	ambulabatis ihr gingt spazieren	ambularetis ihr würdet spazierengehen
Futur I	ambulabitis ihr werdet spazierengehen	
Perfekt	ambulavistis ihr seid spazierengegangen	cum ambulaveritis als ihr spazierengegangen seid
Plusquam-perfekt	ambulaveratis ihr wart spazierengegangen	ambulavissetis ihr wäret spazierengegangen

	Indikativ	Konjunktiv
Präsens	times du fürchtest	time**as** du mögest fürchten
Imperfekt	time**bas** du fürchtetest	time**res** du würdest fürchten
Futur I	time**bis** du wirst fürchten	
Perfekt	tim**uisti** du hast gefürchtet	cum tim**ueris** als du gefürchtet hast
Plusquam-perfekt	tim**uera**s du hattest gefürchtet	tim**uisse**s du hättest gefürchtet

Übung 63

a) Cum Augustus Antonium supera**visse**t, Romani virum firmum imperatorem appella**ba**nt.
b) Romani Augustum sacerdotem et consulem crea**ba**nt.
c) Imperator Augustus consul rem publicam administra**vera**t.
d) Cum convivas saluta**visse**m, cum amicis per hortum clarum et domum amplam ambula**ba**m.
e) Si Galli Romam oppugna**re**nt, incolis urbis magna pericula immine**re**nt.
f) Dei patri et matri semper valetudinem don**e**nt.
g) Pater mihi equum dona**re**t, si multam pecuniam habe**re**t.
h) Amici mei semper beati **sint.**
i) Si heri domi **fuisse**mus, convivas caros (natürliches Geschlecht) saluta**visse**mus.
j) (Munus) consulum est salutem rei publicae curare.
k) Sine te nos vita non iam delecta**re**t.
l) Si me in foro subito specta**visse**s, clama**visse**s.
m) Saepe ad avum festino, ut mihi consilia bona d**e**t, nam vir peritus est.
n) Medicum visita**ba**m, ut mihi valetudinem dona**re**t.

Übung 64

a) matr**um**
b) tellur**i** (Dat.) oder telluri**s** (Gen.)
c) re**bus**
d) impet**um**
e) die**rum**
f) orator**ibus**
g) man**um**
h) imperator**ibus**
i) consul**es**
j) mercator**em**
k) aequor**a**
l) soror**e**
m) sal**em**
n) die**bus**

o) patr**em**
p) sol**i** (Dat.) oder sol**e** (Abl.)
q) maior**es**
r) foss**am**
s) consul**i** (Dat.) oder consul**e** (Abl.)
t) morb**orum**
u) uxor**em**

Übung 65 Maskulina der 3. Deklination sind alle Substantiva auf **-or/-oris, -l/-lis, -os/-oris, -er/-(e)ris, -es/-itis**

Übung 66 Feminin sind alle Substantive mit **natürlichem Geschlecht,** d. h. alle **Frauen,** auch **Bäume** (da sie als Wohnung der Nymphen galten) und die **Mutter Erde.**

mater, matris: die Mutter
mulier, mulieris: die Frau
soror, sororis: die Schwester
uxor, uxoris: die Gattin
arbor, arboris: der Baum
tellus, telluris: die Erde

Übung 67 Neutrale Ausnahmen sind:

aequor, aequoris: das Meer
os, oris: der Mund
iter, itineris: die Reise
ver, veris: der Frühling.

Übung 68

a) imagin**i** clar**ae**
b) oration**ibus** grat**is**
c) mor**um** iust**orum**
d) flor**em** pulchr**um**
e) honor**ibus** magn**is**
f) oration**es** clar**ae**
g) or**a** parv**a**
h) oration**is** long**ae**
i) imagin**e** vari**a**
j) aetat**em** mal**am**
k) fratr**es** me**i**
l) dot**em** praeclar**am**
m) magn**as** port**as**
n) virtut**e** antiqu**a**
o) honor**ibus** grat**is**
p) or**ibus** magn**is**

Übung 69

a) S+A: ante nonnull**os** di**es**: nach einigen Tagen
per aequor vast**um**: durch das weite Meer
vent**i** advers**i**: ungünstige Winde

V: **cum** naviga**remus**: 1. Pers. Pl. Imperf. Konj.: als wir segelten
advola**verunt**: 3. Pers. Pl. Perf. Ind.: sie sind herbeigeeilt

Ü: Als wir vor einigen Tagen durch das weite Meer segelten, sind plötzlich widrige Winde aufgekommen (herbeigeeilt).

b) S+A: magn**us** metus: große Furcht

V: comple**vit**: 3. Pers. Sg. Perf. Ind.: sie hat erfüllt
tene**bamus**: 1. Pers. Pl. Imperf. Ind.: wir hielten

Ü: Große Angst hat uns erfüllt und wir hielten den Kurs nicht mehr.

c) S+A: magister peritus navigii: der erfahrene Kapitän
V: monuit: 3. Pers. Sg. Perf. Ind.: er hat ermahnt (Titus, ein erfahrener Kapitän)
ut haberemus: 1. Pers. Pl. Imperf. Konj.: dass wir behielten (nach dass: Konjunktiv)
Ü: Titus, ein erfahrener Kapitän, hat uns ermahnt, Hoffnung zu haben (dass wir Hoffnung hätten).

d) S+A: undae altae: hohe Wellen
V: cum terrerent: 3. Pers. Pl. Imperf. Konj.: als sie erschreckten (die hohen Wellen)
imploravimus: 1. Pers. Pl. Perf. Ind.: wir haben angefleht
est arcere: 3. Pers. Sg. Präs. Ind. und Inf. Präs.: es ist Aufgabe (der Götter) abzuhalten
essemus: 1. Pers. Pl. Imperf. Konj.: wir wären
Konjunktiv Imperfekt in Verbindung mit utinam drückt einen Wunsch aus: dass wir doch zu Hause wären!
Ü: Als uns die hohen Wellen von allen Seiten erschreckten, haben wir die Götter angefleht: „Es ist Aufgabe der Götter, den Untergang abzuhalten. Wären wir doch schon zu Hause!"

e) S+A: post paucas horas: nach wenigen Stunden
portui tuto: dem sicheren Hafen
V: appropinquavimus: 1. Pers. Pl. Perf. Ind.: wir haben uns genähert.
Ü: In der Tat haben wir uns nach wenigen Stunden dem sicheren Hafen genähert.

Übung 70

1) aestas, **aestat/is** bona: der gute Sommer
2) eques, **equit/is** bonus: der gute Reiter
3) timor, **timor/is** bonus: die gute Angst
4) sal, sal**/is** bonus: das gute Salz
5) agger, **agger/is** bonus: der gute Damm
6) auctoritas, **auctorita/tis** bona: das gute Ansehen
7) mulier, **mulier/is** bona: die gute Frau
8) uxor, **uxor/is** bona: die gute Gattin
9) homo, **homin/is** bonus: der gute Mensch
10) imago, **imagin/is** bona: das gute Bild
11) maiores, **maior/um** boni: die guten Vorfahren
12) pecus, **pecud/is** bona: das gute Schaf
13) arbor, **arbor/is** bona: der gute Baum

14) labor, **labor/is** bon**us**: die gute Arbeit
15) aequor, **aequor/is** bon**um**: das gute Meer
16) iter, **itiner/is** bon**um**: die gute Reise
17) salus, **salut/is** bon**a**: das gute Heil
18) virgo, **virgin/is** bon**a**: die gute Jungfrau
19) pax, **pac/is** bon**a**: der gute Frieden custos
20) mos, **mor/is** bon**us**: die gute Sitte
21) quies, **quiet/is** bon**a**: die gute Ruhe
22) flos, **flor/is** bon**us**: die gute Blume
23) os, **or/is** bon**um**: der gute Mund
24) ordo, **ordin/is** bon**us**: die gute Reihe
25) ratio, **ration/is** bon**a**: die gute Vernunft
26) tellus, **tellur/is** bon**a**: die gute Erde
27) sermo, **sermon/is** bon**us**: das gute Gespräch
28) regio, **region/is** bon**a**: die gute Gegend
29) lex, **leg/is** bon**a**: das gute Gesetz
30) rex, **reg/is** bon**us**: der gute König
31) iudex, **iudic/is** bon**us**: der gute Richter
32) custos, **custod/is** bon**us**: der gute Wächter

Übung 71

	Singular	Plural
Nom.	animal (Lebewesen)	animal**ia**
Gen.	animal**is**	animal**ium**
Dat.	animal**i**	animal**ibus**
Akk.	animal	animal**ia**
Abl.	animal**i**	animal**ibus**

Singular	Plural
par (Altersgenosse)	par**ia**
par**is**	par**ium**
par**i**	par**ibus**
par	par**ia**
par**i**	par**ibus**

Übung 72

a) consul**is** (Gen. Sg.) oder consul**es** (Nom. Pl.)
b) orator**ibus** (Dat. und Abl. Pl.)
c) uxor**um**
d) honor**em**
e) tellur**em**
f) or**a** (Nom. und Akk. Pl.)
g) agger**i** (Dat. Sg.) oder agger**e** (Abl. Sg.)
h) itiner**a** (Nom. und Akk. Pl.)
i) ver (Nom. und Akk. Sg.)
j) equit**ibus** (Dat. und Abl. Pl.)

k) orationis (Gen. Sg.) oder orationi (Dat. Sg.)
l) imaginum
m) homini (Dat. Sg.) oder homine (Abl. Sg.)
n) aetates (Nom. und Akk. Pl.)
o) nubium
p) navibus (Dat. und Akk. Pl.)
q) fascium
r) arcium
s) maria (Nom. und Akk. Pl.)
t) animalium

Übung 73

a) trabs bona
b) agger bonus
c) homo bonus
d) orator bonus
e) sidus bonum
f) aetas bona
g) pes bonus
h) arx bona
i) navis bona
j) uxor bona
k) dos bona
l) animal bonum
m) tellus bona
n) princeps bonus
o) consul bonus
p) mare bonum
q) carmen bonum
r) ver bonum
s) arbor bona
t) finis bonus
u) eques bonus
v) pons bonus

Übung 74

arx/arcium, navis/navium, pons/pontium, mare/marium, finis/finium, animal/animalium.

Übung 75

a) oratoris: Gen. Sg.
b) oratorum: Gen. Pl.
c) maria: Nom. und Akk. Pl.
d) animalium: Gen. Pl.
e) oratores: Nom. und Akk. Pl.
f) matrem: Akk. Sg.
g) matre: Abl. Sg.
h) mari: Dat. und Abl. Sg.
i) veris: Gen. Sg.
j) itinera: Nom. und Akk. Pl.
k) fratrum: Gen. Pl.
l) mulieribus: Dat. und Abl. Pl.
m) sermone: Abl. Sg.

Übung 76

a) Cum Graeci Troiam expugnavissent, Aeneas pius ex urbe ambulabat.
b) Se et vitam comitum nonnullorum servavit.
c) Nave firma per maria vasta errabant, ut patriam novam viderent.
d) Zuerst haben sie Africa betreten, ein Land, das unter der heißen Sonne liegt.
e) Aber Mercur, der Gesandte Jupiters, hat Aeneas befohlen, dass er neue Wohnsitze in Italien aufschlug.

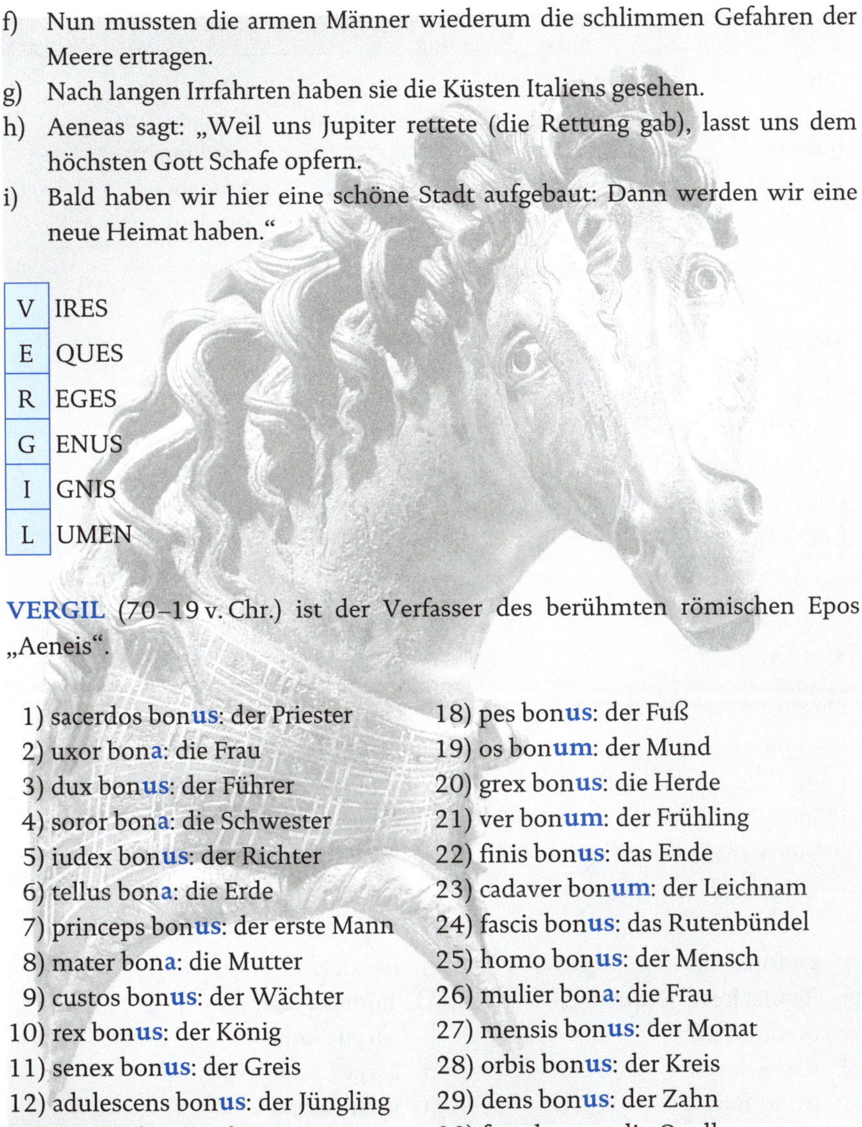

f) Nun mussten die armen Männer wiederum die schlimmen Gefahren der Meere ertragen.
g) Nach langen Irrfahrten haben sie die Küsten Italiens gesehen.
h) Aeneas sagt: „Weil uns Jupiter rettete (die Rettung gab), lasst uns dem höchsten Gott Schafe opfern.
i) Bald haben wir hier eine schöne Stadt aufgebaut: Dann werden wir eine neue Heimat haben.“

Übung 77

V	IRES
E	QUES
R	EGES
G	ENUS
I	GNIS
L	UMEN

VERGIL (70–19 v. Chr.) ist der Verfasser des berühmten römischen Epos „Aeneis“.

Übung 78

1) sacerdos bon**us**: der Priester
2) uxor bon**a**: die Frau
3) dux bon**us**: der Führer
4) soror bon**a**: die Schwester
5) iudex bon**us**: der Richter
6) tellus bon**a**: die Erde
7) princeps bon**us**: der erste Mann
8) mater bon**a**: die Mutter
9) custos bon**us**: der Wächter
10) rex bon**us**: der König
11) senex bon**us**: der Greis
12) adulescens bon**us**: der Jüngling
13) iuvenis bon**us**: der junge Mann
14) parentes bon**i**: die Eltern
15) sermo bon**us**: das Gespräch
16) leo bon**us**: der Löwe
17) aequor bon**um**: das Meer
18) pes bon**us**: der Fuß
19) os bon**um**: der Mund
20) grex bon**us**: die Herde
21) ver bon**um**: der Frühling
22) finis bon**us**: das Ende
23) cadaver bon**um**: der Leichnam
24) fascis bon**us**: das Rutenbündel
25) homo bon**us**: der Mensch
26) mulier bon**a**: die Frau
27) mensis bon**us**: der Monat
28) orbis bon**us**: der Kreis
29) dens bon**us**: der Zahn
30) fons bon**us**: die Quelle
31) mons bon**us**: der Berg
32) pons bon**us**: die Brücke
33) ordo bon**us**: die Ordnung

Übung 79

Singular		Plural	
puer	prudens	pueri	prudentes
pueri	prudentis	puerorum	prudentium
puero	prudenti	pueris	prudentibus
puerum	prudentem	pueros	prudentes
puero	prudenti	pueris	prudentibus

Übung 80

Singular		Plural	
oratio	acris	orationes	acres
orationis	acris	orationum	acrium
orationi	acri	orationibus	acribus
orationem	acrem	orationes	acres
oratione	acri	orationibus	acribus

Übung 81

Singular		Plural	
tempus	breve	tempora	brevia
temporis	brevis	temporum	brevium
tempori	brevi	temporibus	brevibus
tempus	breve	tempora	brevia
tempore	brevi	temporibus	brevibus

Übung 82

a) vir fortis
b) femina fortis (Nom. Sg.)
c) donum forte
d) uxoris fortis
e) equiti forti
f) dominorum fortium
g) dominarum fortium
h) villam fortem
i) templum forte
j) femina forti
k) animalia fortia
l) corpus forte
m) corporum fortium
n) sidera fortia
o) sidere forti
p) luminum fortium
q) rebus fortibus
r) sanguinem fortem

Übung 83

	Singular			Plural		
Nom.	bonus acer	bona acris	bonum acre	boni acres	bonae acres	bona acria
Gen.	boni acris	bonae acris	boni acris	bonorum acrium	bonarum acrium	bonorum acrium
Dat.	bono acri	bonae acri	bono acri	bonis acribus	bonis acribus	bonis acribus
Akk.	bonum acrem	bonam acrem	bonum acre	bonos acres	bonas acres	bona acria
Abl.	bono acri	bona acri	bono acri	bonis acribus	bonis acribus	bonis acribus

Übung 84

a) der mahnende Lehrer: magister monens
b) die fliegenden Vögel: aves volantes
c) der arbeitende Handwerker: faber laborans
d) die sehenden Freunde: amici videntes
e) der grüßende Knabe: puer salutans
f) die spazieren gehende Großmutter: avia ambulans

Übung 85

	Singular		Plural	
Nom.	magister	properans	magistri	properantes
Gen.	magistri	properantis	magistrorum	properantium
Dat.	magistro	properanti	magistris	properantibus
Akk.	magistrum	properantem	magistros	properantes
Abl.	magistro	properante	magistris	properantibus

Nom.	puella	cantans	puellae	cantantes
Gen.	puellae	cantantis	puellarum	cantantium
Dat.	puellae	cantanti	puellis	cantantibus
Akk.	puellam	cantantem	puellas	cantantes
Abl.	puella	cantante	puellis	cantantibus

Nom.	uxor	flens	uxores	flentes
Gen.	uxoris	flentis	uxorum	flentium
Dat.	uxori	flenti	uxoribus	flentibus
Akk.	uxorem	flentem	uxores	flentes
Abl.	uxore	flente	uxoribus	flentibus

Übung 86

a) Der Wahrsager, der an der Rettung verzweifelt, ruft:

b) „Solange ich das alte Buch hatte, bin ich reich und glücklich gewesen, aber jetzt bin ich arm und traurig."

c) Larisa, seine Tochter, welche herbeieilt, sagt: „Hoffentlich wirst du nicht von Sorgen erschreckt, Vater!"

d) Puella ora**ns** arae Iunonis appropinquavit.

e) Virgines canta**ntes** et salta**ntes** deam Dianam celebraverunt.

f) Puellae carmina canta**ntes** parentes delectant.

g) Die Ameise aber, die ein wenig überlegte, fragte die Grille: „Nirgends habe ich dich arbeiten sehen (arbeitend gesehen). Warum hast du dir nicht Nahrung bereitet?" Darauf die Grille lachend: „Weil ich den ganzen Sommer gesungen habe."

h) Darauf die Ameise: „Wenn du im Sommer gesungen hast, sollst du im Winter tanzen!" (Gemeint ist: damit es dir warm wird und du den Hunger vergisst.)

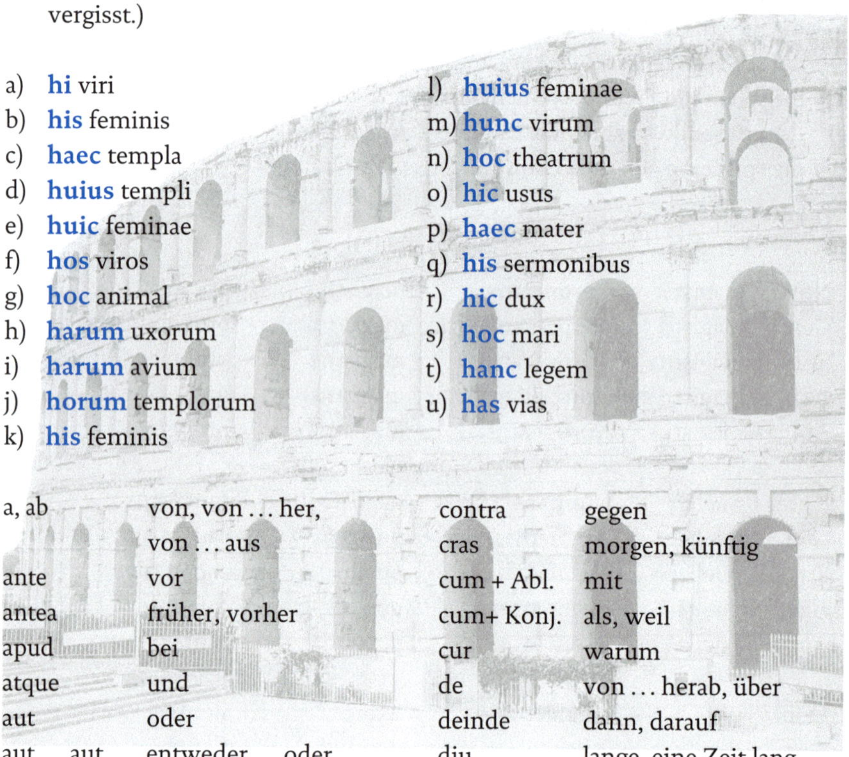

Übung 87

a) **hi** viri
b) **his** feminis
c) **haec** templa
d) **huius** templi
e) **huic** feminae
f) **hos** viros
g) **hoc** animal
h) **harum** uxorum
i) **harum** avium
j) **horum** templorum
k) **his** feminis
l) **huius** feminae
m) **hunc** virum
n) **hoc** theatrum
o) **hic** usus
p) **haec** mater
q) **his** sermonibus
r) **hic** dux
s) **hoc** mari
t) **hanc** legem
u) **has** vias

Übung 88

a, ab	von, von … her, von … aus	contra	gegen
ante	vor	cras	morgen, künftig
antea	früher, vorher	cum + Abl.	mit
apud	bei	cum+ Konj.	als, weil
atque	und	cur	warum
aut	oder	de	von … herab, über
aut … aut	entweder … oder	deinde	dann, darauf
bene	gut	diu	lange, eine Zeit lang
circa	ringsum, um … herum	donec	solange
		erga	gegen, gegenüber
		et	und

et … et	sowohl … als auch
etiam	auch, sogar
ex, e	aus, aus … heraus
frustra	vergeblich
heri	gestern
hic	hier
hodie	heute
iam	schon, bereits
ibi	dort
imprimis	vor allem, besonders
in (+ Abl.)	in, an, auf (wo?)
in (+ Akk.)	in … hinein, nach (wohin?)
inter	inmitten, zwischen
interea	unterdessen, inzwischen
interdum	manchmal
ita	so, auf diese Weise
itaque	daher, deshalb
item	ebenso
iterum	zum zweiten Mal
iterum atque iterum	immer wieder
magis	mehr
magis … quam	mehr …als
mox	bald
nam	denn, nämlich
neque	und nicht, auch nicht
neque … neque	weder … noch
nihil	nichts
nisi	wenn nicht, außer
non	nicht
nondum	noch nicht
non iam	nicht mehr
non solum	nicht nur …
… sed etiam	… sondern auch
numquam	niemals

nunc	jetzt, nun
nusquam	nirgends
olim	einst, ehemals, vor Zeiten
paene	fast, beinahe, so gut wie
paulum	ein wenig
per	durch
post	nach
postea	nachher, später
postremo	zuletzt, schließlich, endlich
primo	anfangs, zuerst
pro	vor, für
profecto	wirklich, in der Tat
prope	nahe bei, in der Nähe von
propter	wegen
quam	wie, als (nach Komparativ)
quamquam	obwohl, obgleich
quando	wann
-que	und
quem	wen
quia, quod	weil
quid	was
quis	wer
quo	wohin
quoque	auch
saepe	oft
satis	genug, genügend
sed	aber, sondern
semper	immer, stets
si	wenn
sic	so
sine	ohne
solum	nur
statim	sogleich, sofort
sub (+ Abl.)	unter (wo?)
sub (+ Akk.)	unter (wohin?)

subito	plötzlich, unvermutet
supra (+ Akk.)	oben, oberhalb
tam … quam	so … wie
tamen	doch, dennoch
tandem	endlich, zuletzt, eigentlich
tantum	nur
tum	damals, dann, darauf
ubi	wo
ubique	immer, überall
undique	von allen Seiten, überall
usque ad (+ Akk.)	bis nach, bis zu, bis hin
ut	wie
ut (+ Konj.)	damit, dass
utinam	o dass doch, wenn doch
valde	sehr
vel	oder, oder auch
velut	gleichwie, gleichsam, beispielsweise

Lösungen zu den Schulaufgaben

1. Schulaufgabe

A. Übersetzung: Besuch auf dem Bauernhof

1. Markus und Claudia gefällt der Bauernhof (villa) sehr gut, denn sie lieben Tiere.
2. Jetzt erwarten sie hier ihre Freunde und Freundinnen.
2. Plötzlich ruft Claudia: „Die Freunde nähern sich schon dem Haus! Wir begrüßen euch!“
4. Markus sagt: „Ich zeige den Freunden die Pferde.“
5. Syrus ist ein Sklave, er sorgt für die Pferde und bringt den Tieren Wasser.
6. Jetzt befiehlt die Herrin den Sklaven: „Jetzt schmückt ihr den Tisch, dann bereitet ihr den Gästen eine Mahlzeit!“

B. Sprachbeherrschung

1. a) Domina servum vocat.
   b) Servi dominae epistulam portant.
2. Das falsche Wort ist jeweils durchgestrichen.
   a) ~~Equum~~ times. Equ**os** times.
   b) Paulus amicos ~~captant~~. Paulus amicos capta**t**.
   c) Nos ~~visititamus~~. Nos visita**tis**.
3. Amic**is** et amic**is** tabul**as** et stil**os** monstra**mus**.

2. Schulaufgabe

A. Übersetzung: Ein Besuch mit Onkel Tullius beim Freund Lucius

1. Heute besuchen Markus und Claudia mit Tullius den Lucius, einen Freund des Tullius.
2. Ein Sklave begrüßt die Gäste: „Tretet ein, mein Herr erwartet euch schon."
3. Lucius zeigt den Gästen sein neues Haus. Der bunte Fußboden und die hohen Statuen des großen Atriums erfüllten die Herzen aller mit Freude.
4. Viele Statuen sind aus Griechenland.
5. Jetzt fragt Lucius: „Bringt uns der Sklave alten Wein aus dem Keller?"

B. Sprachbeherrschung

1. a) Mus e villa nova in hortum ambulat.
   b) Tullius liberis simulacra clara templorum monstrat.
2. Dominus amicis villam novam monstrat.
   Convivae equos firmos spectant.
   Vita rustica convivis placet.
3. Hodiene Marcus magistrum in ludo visitat?
   Besucht Markus den Lehrer heute in der Schule?
4. su**mus**, clama**nt**

3. Schulaufgabe

A. Übersetzung: Germanen sogar in Rom

1. Tullius war mit Markus oft in einem alten Wirtshaus der Subura (ein Stadtviertel Roms), wo sie manchmal auch Germanen sahen.
2. Tullius meint: „Die Germanen sind treue Diener ihrer Herrn.
3. Auch unsere Truppen sind voll von Germanen (füllen viele Germanen auf).
4. Lasst uns den Mann nach seiner armen Heimat fragen!"
5. Der Germane erzählte: „Meine Heimat wird niemals die glänzenden Gebäude und die breiten Straßen Roms haben.
6. Dennoch ist sie mir teuer: Ich wünsche, dass ich mein Land bald sehe."

B. Sprachbeherrschung

1. a) Deis semper placeat, ut beati simus.
   b) Magister vos saepe laudabat, nobis autem solum verba mala dabat.
2. a) visit**e**mus avum: lasst uns den Großvater besuchen!

b) magistrum non videam: ich möge den Lehrer nicht sehen, hoffentlich sehe ich den Lehrer nicht
c) boni sitis!: hoffentlich seid ihr gut!

3. a) wir sind
b) er wird mahnen
c) lobt!
d) du mögest mahnen
e) ich möge sein
f) ihr wart

4. Schulaufgabe

A. Übersetzung: Viele Götter schützen Rom

1. Die Römer feierten mit höchster Frömmigkeit viele Götter, weil sie von den Göttern Hilfe erhofften.
2. Wenn die Seeleute Getreide von Ägypten nach Ostia brachten, baten sie Neptun, dass er die Schiffe auf dem weiten Meer schützte.
3. Die Mutter Tellus lobten sie, wenn sie den Menschen im Sommer die Feldfrüchte gegeben hatte.
4. Dann schmückten sie den Altar der Tellus mit Blumen.
5. Auch zur Ehre Saturns brachten sie Opfer dar, damit er den Menschen seine Gaben schenke.
6. An vielen Festtagen erfüllte Freude die Herzen der Römer.

B. Sprachbeherrschung

1. a) Consulum erat rem publicam servare.
b) Magistratus magnitudine auctoritatis cunctos homines superabant.
c) Mores uxorum Romanarum semper integri erant.

2. a) als er erschreckt hat
b) mögest du mich heute besuchen, hoffentlich besuchst du mich heute
c) er wäre dankbar
d) der Lehrer würde dich ermahnen

3. a) labor bon**us**
b) ratio bon**a**
c) mulier bon**a**
d) flos bon**us**
e) aequor bon**um**
f) homo bon**us**

5. Schulaufgabe

A. Übersetzung: Der Philosoph Diogenes

1. Viele Menschen rühmten zu allen Zeiten den Philosophen Diogenes.
2. Dieser Philosoph hat uns gezeigt: „Reichtum ist für Menschen manchmal eine Last.

3. Auch ohne Häuser, ohne Geld, ohne Gold und Silber sind wir glücklich.“
4. Dieser Mann schätzte den Frieden der Seele mehr als Ruhm und Ehre der Könige.
5. Als einst König Alexander den Philosophen besucht hatte und ihn gefragt hatte: „Was soll ich dir schenken?“ antwortete Diogenes nur: „Geh mir aus der Sonne!“

B Sprachbeherrschung

1. a) Non solum aestate pulchra Diogenes in dolio quieti se dedit.
   b) Diogenes: „Amate dignitatem virtutis, vitate servitutem pecuniae!”
2. a) lex iusta, leg**is** iust**ae**, leg**i** iust**ae**, leg**em** iust**am**, leg**e** iust**a**
   b) oper**a** clar**a**, oper**um** clar**orum**, oper**ibus** clar**is**, oper**a** clar**a**, oper**ibus** clar**is**
3. a) **hanc** feminam — d) **huius** litoris
   b) **haec** templa — e) **hi** iudices
   c) **huic** orationi — f) **horum** scelerum

6. Schulaufgabe

A. Übersetzung: Markus erzählt von einem aufregenden Erlebnis: Ein Unfall durch Steinschlag

1. In der Frühe haben mich drei schreiende Kinder aus dem Schlaf geweckt:
2. „Ein schreckliches Unglück hat uns erschreckt. Ein schwerer Stein, der vom Dach flog, hat den Großvater verletzt!
3. Wenn niemand Hilfe bringen wird, droht (im Lateinischen Futur) dem Großvater ein trauriger Tod.“
4. Meine Eltern eilten in schnellem Lauf herbei und beruhigten die weinenden Kinder: „Wir werden den Großvater sofort zum Arzt bringen!“
5. Später hat der Vater erzählt: „Obwohl es schwierig war, hat der Arzt den alten Mann gerettet.“

B. Sprachbeherrschung

1. a) Saepe etiam homines pauperes felices sunt.
   b) Hostes audaces vi et armis urbem expugnaverunt.
2. a) mone**ret** — e) **cum** mon**ueritis**
   b) lauda**veram** — f) **essent**
   c) **fuissemus** — g) mone**as**
   d) lauda**visti** — h) **erunt**

3. femina fortis, prudens
4. a) cum viro spera**nte**
   b) cum viro sapie**nti**
   c) cum viro liber**o**
   d) cum viro ride**nte**
   e) cum viro bon**o**
   f) cum viro divit**e**

Übung 89

a) ipse
b) ille
c) eos
d) illud
e) illa, eis
f) haec (urbs), illa
g) eas
h) mihi
i) eius / huius, illi, nobis
j) istud
k) ipsa, nos
l) ei
m) eius
n) isti
o) hoc, ille
p) iste
q) nostra (domus)
r) hac (nave)

Übung 90

a) **eum:** Der Großvater liebt mich sehr, deshalb besuche ich **ihn** oft.
b) **eam:** Die Herrin begrüßt die Gäste; die Gäste begrüßen **sie** auch.
c) **istum: Diese** Ehre halte ich für keine echte Ehre.
d) in **eis:** Die Gärten Caesars sind öffentlich und schön. Deshalb gehen wir oft in **ihnen** spazieren.
e) **illa, haec: Jene** Monumente Griechenlands sind berühmter als **diejenigen** Roms.
f) **huic: Diesem** Heer befehle ich gerne.
g) **ipsa:** Mit der Rede **selbst** hat er die Feinde vertrieben, Taten waren nicht notwendig.
h) **istas:** Nach **dieser** Zukunft sehnen wir uns nicht.

Übung 91

A	M	A	T					
V	I	T	A	M	U	S		
U	N	U	M					
S	E	N	A	T	O	R	U	M
N	U	L	L	U	S			
A	M	I	C	A	E			
S	O	L	O					

Lösung: **AVUS NASO CLAMAT.**
Der Großvater schnarcht (lärmt mit der Nase).

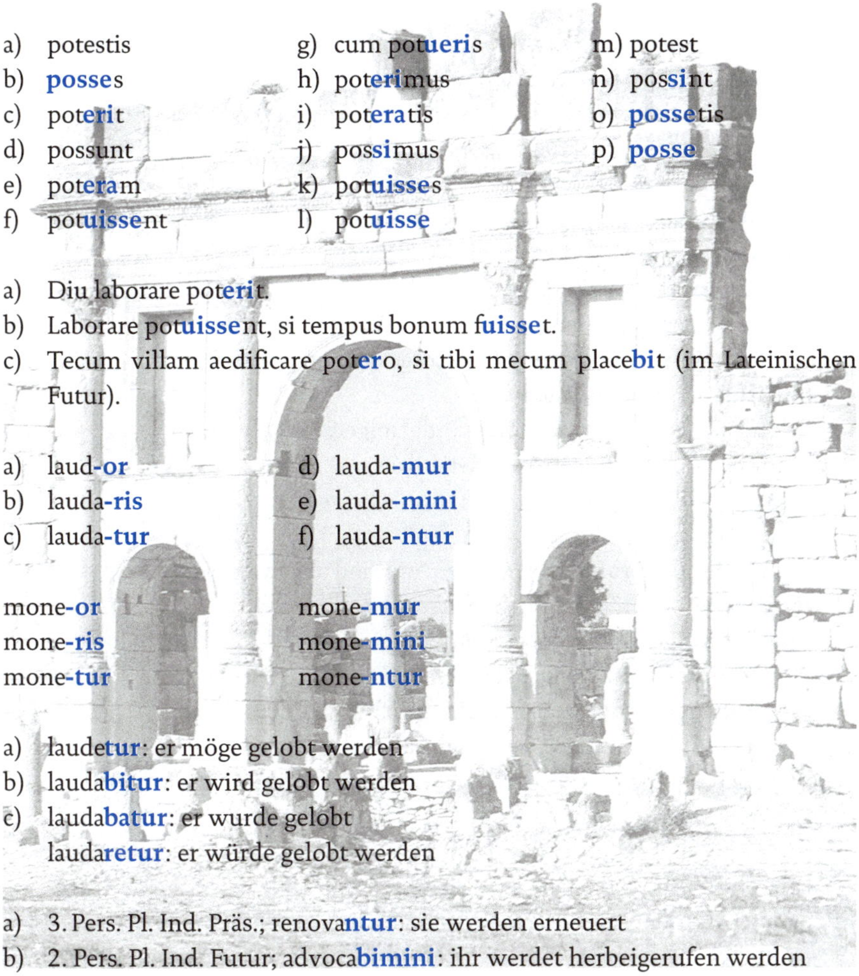

Übung 92

a) potestis
b) **posse**s
c) pot**eri**t
d) possunt
e) pot**era**m
f) pot**uisse**nt
g) cum pot**ueri**s
h) pot**eri**mus
i) pot**era**tis
j) pos**si**mus
k) pot**uisse**s
l) pot**uisse**
m) potest
n) pos**si**nt
o) **posse**tis
p) **posse**

Übung 93

a) Diu laborare pot**eri**t.
b) Laborare pot**uisse**nt, si tempus bonum f**uisse**t.
c) Tecum villam aedificare pot**er**o, si tibi mecum place**bi**t (im Lateinischen Futur).

Übung 94

a) laud**-or**
b) lauda**-ris**
c) lauda**-tur**
d) lauda**-mur**
e) lauda**-mini**
f) lauda**-ntur**

Übung 95

mone**-or**
mone**-ris**
mone**-tur**
mone**-mur**
mone**-mini**
mone**-ntur**

Übung 96

a) laude**tur**: er möge gelobt werden
b) lauda**bitur**: er wird gelobt werden
c) lauda**batur**: er wurde gelobt
lauda**retur**: er würde gelobt werden

Übung 97

a) 3. Pers. Pl. Ind. Präs.; renova**ntur**: sie werden erneuert
b) 2. Pers. Pl. Ind. Futur; advoca**bimini**: ihr werdet herbeigerufen werden
c) 3. Pers. Sg. Ind. Imperf.; time**batur**: er wurde gefürchtet
d) 3. Pers. Sg. Konj. Imperf.; doce**retur**: er würde belehrt werden
e) 1. Pers. Pl. Ind. Präs.; increpa**mur**: wir werden gescholten
f) 3. Pers. Sg. Ind. Präs.; dona**tur**: es wird geschenkt
g) 3. Pers. Pl. Konj. Präs.; sec**entur**: sie mögen geschnitten werden
h) 3. Pers. Pl. Ind. Imperf.; arce**bantur**: sie wurden abgewehrt
i) 3. Pers. Pl. Konj. Präs.; coerce**antur**: sie mögen gezügelt werden
j) 2. Pers. Sg. Ind. Futur; terre**beris**: du wirst erschreckt werden
k) 3. Pers. Pl. Ind. Futur; monebu**ntur**: sie werden ermahnt werden
l) 2. Pers. Pl. Ind. Präs.; doma**mini**: ihr werdet gezähmt
m) 2. Pers. Sg. Ind. Präs.; iacta**ris**: du wirst geworfen

n) 2. Pers. Pl. Konj. Imperf.; torque**remini**: ihr würdet gefoltert werden
o) 1. Pers. Pl. Ind. Imperf.; praecipita**bamur**: wir wurden hinabgestürzt
p) 3. Pers. Pl. Ind. Imperf.; deleba**ntur**: sie wurden zerstört

Übung 98
a) ama**tus, -a, -um**: geliebt
b) exerc**itus, -a, -um**: geübt
c) cogita**tus, -a, -um**: gedacht
d) voca**tus, -a, -um**: gerufen
e) da**tus, -a, -um**: gegeben
f) terr**itus, -a, -um**: erschreckt („geschreckt" gibt es nicht)
g) muta**tus, -a, -um**: verändert
h) adhib**itus, -a, -um**: angewendet (oder angewandt)
i) aedifica**tus, -a, -um**: gebaut (oder erbaut)
j) hab**itus, -a, -um**: gehalten

Übung 99
a) prohib**iti** (oder prohib**itae**) **sumus:** wir sind abgewehrt worden
b) terr**iti** (oder terr**itae**) **estis:** ihr seid erschreckt worden
c) parat**a** **sunt:** sie sind bereitet worden (wir nehmen die neutrale Pluralendung; es handelt sich wahrscheinlich um Sachen)
d) mon**itus** (oder mon**ita**) **es:** du bist ermahnt worden
e) spectat**us** (oder spectat**a**) **es:** du bist gesehen worden
f) monit**us** (oder mon**ita**) **sum:** ich bin ermahnt worden
g) servat**us** (oder servat**a**) **sum:** ich bin gerettet worden

Übung 100
a) cum prohibiti (oder prohibitae) **simus:** als wir abgewehrt worden sind
b) cum territi (oder territae) **sitis:** als ihr erschreckt worden seid
c) cum parata **sint:** als sie bereitet worden sind
d) cum monitus (oder monita) **sis:** als du ermahnt worden bist
e) cum spectatus (oder spectata) **sis:** als du gesehen worden bist
f) cum monitus (oder monita) **sim:** als ich ermahnt worden bin
g) cum servatus (oder servata) **sim:** als ich gerettet worden bin

Übung 101
a) 2. Pers. Sg. Konj. Perf. Pass.: als du gemahnt worden bist
b) 3. Pers. Pl. Ind. Futur Akt.: sie werden mahnen
c) 2. Pers. Sg. Ind. Futur Akt.: du wirst mahnen
d) 2. Pers. Sg. Ind. Futur Pass.: du wirst gemahnt werden
e) 2. Pers. Pl. Konj. Perf. Akt.: als ihr geliebt habt
f) 2. Pers. Pl. Ind. Präs. Pass.: ihr werdet geliebt

g) 3. Pers. Pl. Ind. Plusquamperf. Pass.: sie waren gelobt worden
h) 3. Pers. Pl. Ind. Futur Akt.: sie werden sein
i) 1. Pers. Ind. Imperf. Akt.: ich zerstörte
j) 3. Pers. Pl. Ind. Präs. Pass.: sie werden zerstreut
k) 2. Pers. Sg. Ind. Perf. Pass.: du bist abgehalten worden
l) 3. Pers. Pl. Konj. Imperf. Pass.: sie würden ausgehalten werden
m) 1. Pers. Sg. Ind. Präs. Pass.: ich werde erfreut
n) 2. Pers. Pl. Ind. Perf. Pass.: ihr seid erzogen worden (weiblich)
o) 2. Pers. Sg. Ind. Perf. Pass.: du bist verwundet worden
p) 2. Pers. Pl. Konj. Perf. Pass.: als ihr geplagt worden seid
q) 2. Pers. Pl. Ind. Futur Pass.: ihr werdet in die Flucht geschlagen werden
r) 3. Pers. Pl. Ind. Futur Pass.: sie werden erfreut werden
s) 1. Pers. Pl. Konj. Präs. Pass.: wir mögen geduldet werden
t) 1. Pers. Sg. Ind. Präs. Akt.: ich sehe
u) 3. Pers. Sg. Konj. Plusquamperf. Pass.: als er erfrischt worden war
v) 3. Pers. Pl. Ind. Plusquamperf. Pass.: sie waren umzingelt worden
w) 3. Pers. Sg. Ind. Präs. Pass.: er wird gemieden
x) 2. Pers. Sg. Ind. Perf. Pass.: du bist geschlagen worden (weiblich)
y) 1. Pers. Pl. Konj. Präs. Pass.: wir mögen gefeiert werden

Übung 102
a) Parentes mei diviti**ores** sunt quam multi alii Romani.
b) Caesar clar**ior** erat quam Crassus amicus.

Übung 103
a) vir**um** pulchr**iorem**
b) femin**is** pulchr**ioribus**
c) equ**i** celer**ioris**
d) templ**a** ampl**iora**
e) vent**o** asper**iore**
f) equit**em** audac**iorem**
g) sol**e** acr**iore**
h) animal feroc**ius**
i) mur**is** alt**ioribus**
j) puer**um** miser**iorem**
k) vill**ae** antiqu**ioris**
l) templ**um** antiqu**ius**
m) libr**os** clar**iores**
n) equ**orum** celer**iorum**

Übung 104
a) vir**um** pulcher**rimum**
b) femin**is** pulcher**rimis**
c) equ**i** celer**rimi**
d) templ**a** ampl**issima**
e) vent**o** asper**rimo**
f) equit**em** audac**issimum**
g) sol**e** acer**rimo**
h) animal feroc**issimum**
i) muris alt**issimis**
j) puerum miser**rimum**
k) villae antiqu**issimae**
l) templum antiqu**issimum**
m) libros clar**issimos**
n) equorum celer**rimorum**

Übung 105

Lösung:

QUID NOVI SUB SOLE? – NIHIL NOVI SUB SOLE!

Was (gibt es) Neues unter der Sonne? – Nichts Neues unter der Sonne!

Übung 106

a) pulchr**e**
b) alt**e**
c) firm**e**
d) celer**iter**
e) felic**iter**
f) vehemen**ter**
g) constan**ter**
h) miser**e**
i) rect**e**
j) iust**e**

Übung 107

a) Equus alt**e** salit.
b) Femina fort**is** et prudent**ior est** quam vir (hier handelt es sich um Adjektive: Die Frau/das Substantiv wird näher beschrieben, daher Übereinstimmung in Genus, Numerus und Kasus).
c) Femina fort**iter** et prudent**ius** quam vir **cogitat** (hier handelt es sich um Adverbien: Das Handeln/Verb wird näher beschrieben).
d) Marcus in proelio fort**ius** pugnabat quam adversarius.
e) Quintus celer**rime** in urbem properavit.

Wörterverzeichnis

A

a/ab *(+ Abl.)*	von, von … her, von … aus
acer, acris, acre	scharf, heftig, spitz
acies, aciei, *f.*	Schärfe, Kampflinie, Schlacht
ad *(+ Akk.)*	zu, an, bei
adhibere	anwenden
administrare	verwalten
adulescens, -ntis, *m.*	junger Mann
adversus, a-, um	ungünstig
advocare	herbeirufen
advolare	herbeieilen
aedificare	erbauen
aedificium, -i, *n.*	Gebäude
aeger, aegra, aegrum	krank
Aegyptus, -i, *f.*	Ägypten
aequor, -oris, *n.*	Meer
aestas, -atis, *f.*	Sommer
ager, agri, *m.*	Acker
agger, aggeris, *m.*	Damm, Wall
agitare	(be)treiben
agmen, -minis, *m.*	(Heeres)Zug, Schar
agricola, -ae, *m.*	Bauer
albus, -a, -um	weiß
alii, -ae, -a	die anderen
alius, -a, -um	ein anderer
altus, -a, -um	hoch, tief
amare	lieben
ambulare	spazieren gehen
amplus, -a, -um	weit, geräumig, bedeutend
amica, -ae, *f.*	Freundin
amicus, -i, *m.*	Freund
angustus, -a, -um	eng
animal, -is, *n.*	Lebewesen, Tier
animus, -i, *m.*	Seele, Geist, Herz, Mut
annus, -i, *m.*	Jahr
ante *(+ Akk.)*	vor
antea	vorher
antiquus, -a, -um	alt
appellare	nennen
appropinquare	sich nähern
aptus, -a, -um	geeignet, passend
apud *(+ Akk.)*	bei *(einer Person)*
aqua, -ae, *f.*	Wasser
aquaeductus, -us, *m.*	Wasserleitung
ara, -ae, *f.*	Altar
arare	pflügen
arbor, -is, *f.*	Baum
arcere	abhalten
argentum, -i, *n.*	Silber
arma, -orum, *n.*	Waffen
ars, artis, *f.*	Kunst
arx, arcis, *f.*	Burg, Festung
asper, -a, -um	rau, herb
ater, atra, atrum	schwarz
atrium, -i, *n.*	Atrium

atrox, -ocis	schrecklich, furchtbar
atque	und, und dazu
auctoritas, -atis, *f.*	Würde, Ansehen, Einfluss
audax, -cis	verwegen, kühn
aurum, -i, *n.*	Gold
aut	oder
aut … aut	entweder … oder
autem	aber
auxilium, -i, *n.*	Hilfe
avis, -is, *f.*	Vogel
avus, -i, *m.*	Großvater

B

beatus, -a, -um	glücklich
bellum, -i, *n.*	Krieg
bene	gut
bestia, -ae, *f.*	Tier
bonus, -a, -um	gut
brevis, -e	kurz

C

cadaver, -is, *n.*	Leiche
calamitas, -atis, *f.*	Unglück
calidus, -a, -um	warm
campus, -i, *m.*	Feld
cantare	singen
captare	fangen, ergreifen
carmen, -inis, *n.*	Lied, Gesang
carus, -a, -um	lieb
casus, -us, *m.*	Fall, Zufall
causa, -ae, *f.*	Grund, Ursache, Prozess
celeber, -bris, -bre	vielbesucht, belebt, gefeiert
celebrare	feiern
celer, -is, -e	schnell
cella, -ae, *f.*	Vorratskammer, Keller
cena, -ae, *f.*	Mahlzeit, Essen
cenare	speisen
centum	hundert
certamen, -inis, *n.*	Wettkampf
certus, -a, -um	sicher, gewiss
ceteri, -ae, -a	die übrigen
cibus, -i, *m.*	Speise, Nahrung
circa *(+ Akk.)*	ringsum, um … herum
circumdare	umgeben, umringen
circus, -i, *m.*	Zirkus
clamare	schreien, laut rufen
clarus, -a, -um	hell, klar, berühmt
coercere	zügeln, maßregeln
cogitare	(be)denken
collocare	aufstellen
comes, -itis, *m.*	Begleiter
comparare	vergleichen
complere	füllen
consilium, -i, *n.*	Rat, Plan
constans, -ntis	beständig
consul, -is, *m.*	Konsul

consulis est	es ist Pflicht des Konsuln
contentus, -a, -um	zufrieden
contra *(+ Akk.)*	gegen
conviva, -ae, m.	Gast
copia, -ae, *f.*	Vorrat, Menge, Fülle
copiae, -arum, *f. (Pl.)*	Truppen
corpus, -oris, *n.*	Körper
cras	morgen
creber, crebra, crebrum	zahlreich, häufig
cui?	wem?
cum *(+ Abl.)*	mit *(einer Person)*
cum *(+ Ind.)*	wenn
cum *(+ Konj.)*	als, nachdem
cuncti, -ae, -a	alle
cur?	warum?
cura, -ae, *f.*	Sorge
curare	sorgen, sich kümmern
cursus, -us, *m.*	Lauf, Kurs
custos, -odis, *m.*	Wächter, Hüter

D

dare	geben
se dare	sich widmen, hingeben
de *(+ Abl.)*	von, von … herab, über
dea, -ae, *f.*	Göttin
debere	schulden, müssen
decem	zehn
deinde	hierauf, schließlich
delectare	erfreuen
delere	zerstören
deliberare	überlegen, erwägen
dens, -ntis, *m.*	Zahn
desiderare	ersehnen
desperare	verzweifeln
deus, -i, *m.*	Gott
dexter, -tra, -trum	recht(s)
dies, -iei, *m.*	Tag
difficilis, -e	schwierig
diligentia, -ae, *f.*	Sorgfalt
dissimilis, -is	unähnlich
dissipare	zerstreuen
dives, divitis	reich
divitiae, -arum, *f. (Pl.)*	Reichtum
diu	lange, lange Zeit
docere	lehren, belehren
dolium, -i, *n.*	Fass
dolus, -i, *m.*	List
domare	zähmen, bändigen
domi	zu Hause
domina, -ae, *f.*	Herrin
dominus, -i, *m.*	Herr
domo	von zu Hause
domum	nach Hause
domus, -us, *f.*	Haus
donare	(be)schenken
donec	solange
donum, -i, *n.*	Geschenk
dos, dotis, *f.*	Gabe, Mitgift
dum	während
duo, duae, duo	zwei
duodecim	zwölf
duodeviginti	achtzehn

durus, -a, -um	hart
dux, ducis, *m.*	Führer

E

e/ex *(+ Abl.)*	aus ... heraus
educare	erziehen
ego	ich
epistula, -ae, *f.*	Brief
eques, -itis, *m.*	Reiter, Ritter
equus, -i, *m.*	Pferd
erga *(+ Akk.)*	gegen
errare	irren
error, -oris, *m.*	Irrtum, Irrfahrt
esse	sein
et	und
et ... et	sowohl ... als auch
etiam	auch, sogar
excitare	erregen
exercere	üben
exercitus, -us, *m.*	Heer
explicare	erklären
expugnare	erobern
exspectare	erwarten

F

faber, fabri, *m.*	Handwerker
fabula, -ae, *f.*	Geschichte, Märchen, Fabel
facilis, -e	leicht, einfach
factum, -i, *n.*	Tat
falsus, -a, -um	falsch
familia, -ae, *f.*	Familie, Hausgemeinschaft
fascis, fascis, *m.*	Rutenbündel
felix, -icis	glücklich
femina, -ae, *f.*	Frau
feriae, -arum, *f.*	Feiertage
ferox, -ocis	wild, trotzig
festinare	eilen
fides, -ei, *f.*	Treue, Versprechen, Glaube
fidus, -a, -um	treu, zuverlässig
filia, -ae, *f.*	Tochter
filius, -i, *m.*	Sohn
finis, -is, *m.*	Ende, Grenze
fines, -ium, *m. (Pl.)*	Grenzen, Gebiet
firmus, -a, -um	stark, kräftig
flamma, -ae, *f.*	Flamme
flere	(be)weinen
flos, floris, *m.*	Blume
flumen, -inis, *n.*	Fluss
fons, -ntis, *m.*	Quelle
fortis, -e	tapfer, kräftig
forum, -i, *n.*	Forum, Marktplatz
fossa, -ae, *f.*	Graben
frater, fratris, *m.*	Bruder
fructus, -us, *m.*	Frucht, Ertrag, Nutzen
frumentum, -i, *n.*	Getreide
frustra	vergebens
fugare	in die Flucht schlagen
futurus, -a, -um	zukünftig

G

genus, generis, *n.*	Geschlecht, Gattung, Art
Germania, -ae, *f.*	Germanien

Germanus, -a, -um	Germane
Germanicus, -a, -um	germanisch
gladius, -i, *m.*	Schwert
gloria, -ae, *f.*	Ruhm
Graecia, ae, *f.*	Griechenland
Graecus, -a, -um	Grieche, griechisch
gratia, -ae, *f.*	Gunst, Dank
gratus, -a, -um	dankbar, angenehm
gravis, -is	schwer, gewichtig, ernst
grex, gregis, *m.*	Herde, Schar

H

habere	haben, halten
habitare	(be)wohnen
haruspex, -icis, *m.*	Opfer-beschauer, Zeichen-deuter
heri	gestern
hic	hier
hic, haec, hoc	dieser
hiems, hiemis, *f.*	Winter
hodie	heute
homo, -inis, *m.*	Mensch
honos, -oris, *m.*	Ehre(namt)
hora, -ae, *f.*	Stunde
hortus, -i, *m.*	Garten
humilis, -e	niedrig, gering

I

iactare	werfen, schleudern
iam	schon, bereits
ibi	dort
ignorare	nicht kennen, nicht wissen
ignotus, -a, -um	unbekannt
ille, illa, illud	jener
imago, -inis, *f.*	Bild, Gemälde
imminere	drohen
immolare	opfern
imperare	befehlen, gebieten
imperator, -is, *m.*	Feldherr, Kaiser
imperium, -i, *n.*	Befehl, Reich, Herrschaft
impetus, -us, *m.*	Angriff, Ansturm
impius, -a, -um	gottlos, frevelhaft
implorare	anflehen, erflehen
imprimis	vor allem, besonders
in *(+ Akk.)*	in, an, auf, nach *(wohin?)*, gegen
in *(+ Abl.)*	in, an, auf *(wo?)*
incola, -ae, m.	Einwohner
increpare	schimpfen, schelten
incursare	bestürmen
inimicus, -i, m.	Feind
insidiae, -arum, *f.* *(Pl.)*	Hinterhalt, Überfall, Anschlag
instare	bevorstehen, drohen, bedrängen

insula, -ae, *f.*	Insel, Wohnblock
integer, -gra, -grum	unberührt, rein, untadelig
inter *(+ Akk.)*	inmitten, zwischen
interdum	manchmal
interea	inzwischen
interrogare	fragen
intrare	eintreten
ipse, ipsa, ipsum	selbst
is, ea, id	dieser, er
ita	so
Italia, -ae, *f.*	Italien
itaque	deshalb, daher
item	ebenso
iter, itineris, *n.*	Weg, Reise, Marsch
iterum	wieder, zum zweiten Mal
iterum atque iterum	immer wieder
iucundus, -a, -um	angenehm
iudex, -icis, *m.*	Richter
Iuno, -onis	Juno (Göttin)
iustus, -a, -um	gerecht
iuvenis, -is, *m.*	junger Mann
iuxta *(+ Akk.)*	neben

L

labor, -oris, *m.*	Arbeit, Mühe
laborare	arbeiten
laetus, -a, -um	fröhlich, froh
lapis, -idis, *m.*	Stein
latus, -a, -um	breit, weit
laudare	loben
leo, -onis, *m.*	Löwe
lex, legis, *f.*	Gesetz
libenter	freiwillig, gern
liber, -a, -um	frei
liber, libri, *m.*	Buch
liberi, -orum, *m.*	Kinder
liberare	befreien
litus, -oris, *n.*	Küste
longus, -a, -um	lang
ludus, -i, *m.*	Spiel
lumen, -inis, *n.*	Licht

M

magis	mehr
magis … quam	mehr … als
magister, -stri, *m.*	Lehrer
magistratus, -us, *m.*	Beamter, Amt
magnitudo, -inis, *f.*	Größe, Bedeutung
magnus, -a, -um	groß, bedeutend, wichtig
maior, -ius	größer, bedeutender
maiores, -um, *m. (Pl.)*	Vorfahren
malus, -a, -um	schlecht, schlimm, böse
mandare	übergeben, anvertrauen, beauftragen
mane	morgens, in der Frühe
manus, -us, *f.*	Hand
mare, -is, *n.*	Meer
mater, matris, *f.*	Mutter
maximus, -a, -um	der größte
me	mich

mea, -orum, *m.*	das Meine, mein Besitz
mecum	mit mir
medicus, -i, *m.*	Arzt
mei, meorum	die Meinen (meine Leute)
melior, -ius	besser
memoria, -ae, *f.*	Gedächtnis, Erinnerung
mensis, -is, m.	Monat
mercator, -oris, *m.*	Kaufmann, Händler
merces, -edis, *f.*	Lohn, Sold
meridies, -iei, *m.*	Mittag, Süden
meum, -i, *n.*	das Meine, mein Besitz
meus, -a, -um	mein
mensa, -ae, *f.*	Tisch
metus, -us, *m.*	Furcht, Angst
meus, -a, -um	mein(er)
mihi	mir
miles, -itis, *m.*	Soldat
mille	tausend
minister, -stri, *m.*	Diener, Helfer
miser, -a, -um	arm, elend, unglücklich
miseria, -ae, *f.*	Elend, Unglück
modus, -i, *m.*	Maß, Art und Weise
monere	(er)mahnen
mons, montis, *m.*	Berg
monstrare	zeigen
monumentum, -i, *m.*	Denkmal, Grabmal
morbus, -i, *m.*	Krankheit
mors, -tis, *f.*	Tod
mortuus, -a, -um	tot, gestorben
mos, moris, *m.*	Sitte, Brauch
mores, -um, *m.* *(Pl.)*	Sitten, Charakter
mox	bald
mulier, -eris, *f.*	Frau
multi, -ae, -a	viele
mundus, -i, *m.*	Welt
munus, -eris, *n.*	Aufgabe, Amt, Geschenk
murus, -i, *m.*	Mauer
mus, muris, *m.*	Maus
mutare	ändern, (ver-)tauschen, wechseln

N

nam	denn
narrare	erzählen
nasus, -i, *m.*	Nase
nauta, -ae, *m.*	Seemann
navigium, -i, *n.*	Schiff
navis, -is, *f.*	Schiff
...-ne ...?	*(Fragepronomen, unübersetzt)*
necare	töten
necessarius, -a, -um	notwendig, nötig
negotium, -i, *n.*	Aufgabe, Geschäft
nemo, -inis	niemand
neque	und nicht
neque ... neque	weder ... noch
nihil	nichts
nisi	wenn nicht
nobis	uns *(wem?)*

nocere	schaden
non	nicht
nondum	noch nicht
non iam	nicht mehr
… nonne …?	… denn nicht …?
nonnulli, -ae, -a	einige, manche
non solum … sed etiam	nicht nur … sondern auch
nos	wir, uns *(wen?)*
noster, -stra, -strum	unser
nostra, -orum, *n.*	das Unsere, unser Besitz
nostri, -orum	die Unseren (unsere Leute)
nostrum, -i, *n.*	das Unsere, unser Besitz
notus, -a, -um	bekannt
novem	neun
novus, -a, -um	neu
nubes, -is, *f.*	Wolke
nullus, -a, -um	kein(er)
… num …?	… etwa …?
numquam	niemals
nunc	nun, jetzt
nuntiare	melden
nuntius, -i, *m.*	Bote, Botschaft
nusquam	nirgends

O

octingenti, -ae, -a	achthundert
octo	acht
octoginta	achtzig
oculus, -i, *m.*	Auge
officium, -i, *n.*	Pflicht, Aufgabe
olim	einst
omnis, omne	ganz, jeder
omnes, -ia *(Pl.)*	alle(s)
onerare	beladen
onus, -eris, *n.*	Last
oppidum, -i, *n.*	Stadt
oppugnare	bekämpfen, bestürmen, angreifen
optare	wünschen
optimus, -a, -um	sehr gut, der beste
opus, -eris, *n.*	Werk, Arbeit
orare	bitten
oratio, -onis, *f.*	Rede
orator, -oris, *m.*	Redner
orbis, -is, *m.*	Kreis, Scheibe
ordo, -inis, *m.*	Reihe, Stand, Ordnung
ornare	schmücken, ausstatten
os, oris, *n.*	Mund

P

paene	beinahe, fast
parare	bereiten, beschaffen
parentes, -um, *m.*	Eltern
parere	gehorchen
particeps, -ipis	teilhaftig, beteiligt
parvus, -a, -um	klein, gering
pater, patris, *m.*	Vater
patria, -ae, *f.*	Heimat, Vaterland

patronus, -i, *m.*	Patron, Anwalt
pauci, -ae, -a	wenige
paulum	ein wenig
pauper, -eris	arm
pax, pacis, *f.*	Friede
pecunia, -ae, *f.*	Geld
pecus, pecoris, *n.*	Vieh(herde)
pecus, -udis, *f.*	(ein Stück) Vieh, Schaf
peior, -ius	schlechter
per *(+ Akk.)*	durch
periculosus, -a, -um	gefährlich
peritus, -a, -um	erfahren, kundig
periculum, -i, *n.*	Gefahr
pernicies, -iei, *f.*	Verderben
pes, pedis, *m.*	Fuß
pessimus, -a, -um	sehr schlecht, der schlechteste
philosophus, -i, *m.*	Philosoph
pietas, -atis, *f.*	Pflichtbewusstsein, Ehrfurcht, Frömmigkeit
pirata, -ae, *m.*	Pirat, Seeräuber
pius, -a, -um	fromm, pflichtbewusst
placare	besänftigen
placere	gefallen
plenus, -a, -um	voll
plures, -a	mehrere
plurimi, -ae, -a	sehr viele, die meisten
plus, pluris	mehr
poena, -ae, *f.*	Strafe, Bestrafung
pons, -ntis, *f.*	Brücke
populus, -i, *m.*	Volk
porta, -ae, *f.*	Tor, Pforte
porticus, -us, *f.*	Säulenhalle
portus, -us, *m.*	Hafen
posse	können
post *(+ Akk.)*	nach, hinter
postea	nachher, später
postremo	zuletzt, schließlich
postulare	fordern
praecipitare	sich (herab-)stürzen
praeclarus, -a, -um	glänzend, herrlich, vortrefflich
primo	zuerst, anfangs
primus, -a, -um	der erste
princeps, -ipis, *m.*	der Erste, Fürst
principatus, -us, *m.*	führende Stellung, Vorherrschaft
pro *(+ Abl.)*	vor, für, an Stelle
probus, -a, -um	gut, tüchtig
profecto	in der Tat
prohibere	abhalten, hindern
properare	eilen
propter *(+ Akk.)*	wegen
prudens, -ntis	klug
publicus, -a, -um	öffentlich
puer, -i, *m.*	Knabe, Junge

puella, -ae, *f.*	Mädchen
pugnare	kämpfen
pulcher, -ra, -rum	schön
purus, -a, -um	rein
putare	glauben, meinen

Q

quadraginta	vierzig
quam	wie, als *(beim Vergleich)*
quamquam	obwohl
quando?	wann?
quattuor	vier
quattuordecim	vierzehn
…que	und
quem?	wen?
quia	weil
quid?	was?
quies, -tis, *f.*	Ruhe, Erholung
quindecim	fünfzehn
quingenti, -ae, -a	fünfhundert
quinquaginta	fünfzig
quinque	fünf
quis?	wer?
quo?	wohin?
quod	weil
quondam	einst
quoque	auch

R

raptare	rauben
ratio, -onis, *f.*	Vernunft, Grund, Art und Weise
recitare	vorlesen
recreare	wieder-herstellen, erfrischen
rectus, -a, -um	richtig
regio, -onis, *f.*	Richtung, Gegend
renovare	erneuern
res, rei, *f.*	Sache, Angelegenheit
res adversae, *f. (Pl.)*	ungünstige Dinge, Unglück
res futurae, *f. (Pl.)*	zukünftige Dinge, Zukunft
res publica, *f.*	Staat
res secundae, *f. (Pl.)*	günstige Dinge, Glück
retinere	zurückhalten
rex, regis, *m.*	König
ridere	lachen
rogare	fragen, bitten
rusticus, -a, -um	ländlich, bäuerlich

S

saepe	oft
sacerdos, -otis, *m.*	Priester
sacrificare	opfern
sacrificium, -i, *n.*	Opfer
sal, salis, *m.*	Salz
saltare	tanzen, springen
salus, -utis, *f.*	Wohlergehen, Heil, Rettung
salutare	grüßen

sanguis, -inis, *m.*	Blut
sapiens, -ntis	weise
sapientia, -ae, *f.*	Weisheit
satis	genug
scelus, sceleris, *n.*	Verbrechen
schola, -ae, *f.*	Schule
se	sich
secare	schneiden
secum	mit sich
sed	aber, sondern
se dare	sich widmen, hingeben
sedecim	sechzehn
sedes, -is, *f.*	(Wohn)Sitz
semper	immer, stets
senator, -is, *m.*	Senator
senatus, -us, *m.*	Senat
senex, -is, *m.*	Greis
sententia, -ae, *f.*	Sinnspruch, Satz, Meinung
septem	sieben
septendecim	siebzehn
sermo, -onis, *m.*	Gespräch
serva, -ae, *f.*	Sklavin
servare	retten, bewahren
servitus, -utis, *m.*	Sklaverei, Knecht-schaft
servus, -i, *m.*	Sklave
severus, -a, -um	streng, ernst
sex	sechs
si	wenn
sibi	sich
sic	so, auf diese Weise
sidus, sideris, *n.*	Sternbild, Gestirn
silva, -ae, *f.*	Wald
similis, -e	ähnlich
simulacrum, -i, *n.*	Götterbild
sine *(+ Abl.)*	ohne
situs, -a, -um	gelegen
solum, -i, *n.*	Boden
solus, -a, -um *Gen.* solius, *Dat.* soli	allein, einsam
somnus, -i, *m.*	Schlaf
soror, -oris, *f.*	Schwester
spectare	betrachten, schauen
sperare	(er)hoffen
spes, -ei, *f.*	Hoffnung
spiritus, -i, *m.*	Hauch, Atem, Geist
statim	sofort
statua, -ae, *f.*	Statue, Standbild
stilus, -i, *n.*	Griffel
studere	sich bemühen
sua, -orum, *n.*	das Seine/ Ihre, sein/ ihr Besitz
sub *(+ Akk.)*	unter *(wohin?)*
sub *(+ Abl.)*	unter *(wo?)*
subito	plötzlich
sui, suorum	die Seinen
summus, -a, -um	der höchste
superare	besiegen
superbus, -a, -um	stolz, hochmütig
supra *(+ Akk.)*	oberhalb
sui, suae	die Seinen/ Ihren (seine/ ihre Leute)

sustinere	aushalten
suum, -i, *n.*	das Seine/Ihre, sein/ihr Besitz
suus, -a, -um	sein, ihr

T

tabula, -ae, *f.*	Tafel, Gemälde
tacere	schweigen
tam	so
tam … quam	so … wie
tamen	dennoch, trotzdem
tandem	endlich
tantum	nur
te	dich
tecum	mit dir
tectum, -i, *n.*	Dach, Haus
templum, -i, *n.*	Tempel
tempus, -oris, *n.*	Zeit, Klima, Wetter
tellus, -uris, *f.*	Erde
tenere	halten
terra, -ae, *f.*	Erde, Land
terrere	erschrecken
theatrum, -i, *n.*	Theater
tibi	dir
timere	fürchten
timor, -oris, *m.*	Furcht, Angst
tolerare	ertragen, erdulden
torquere	drehen, foltern
trabs, trabis, *m.*	Balken
tredecim	dreizehn
tres, tria	drei
triginta	dreißig
tristis, -e	traurig, düster
tu	du
tum	dann, da, darauf, damals
tua, -orum, *n.*	das Deine, dein Besitz
tui, -orum	die Deinen (deine Leute)
tumultus, -us, *m.*	Aufruhr, Aufstand
tutus, -a, -um	sicher, geschützt
tuum, -i, *n.*	das Deine, dein Besitz
tuus, -a, -um	dein
tyrannus, -i, *m.*	Tyrann

U

ubi?	wo?
ubique	überall
unda, -ae, *f.*	Welle
undecim	elf
undeviginti	neunzehn
undique	von überall her, von allen Seiten
unus, -a, -um *Gen.* unius *Dat.* uni	ein(er), ein einziger
urbs, urbis, *f.*	Stadt
usque ad *(+ Akk.)*	bis zu
usus, -us, *m.*	Nutzen, Gebrauch, Übung
ut	wie
ut *(+ Konj.)*	dass, damit
utinam	(dass) doch
uxor, -oris, *f.*	Ehefrau, Gattin

V

valde	sehr
valere	gesund sein, vermögen, gelten
valetudo, -inis, *f.*	Befinden, Gesundheit
varius, -a, -um	verschiedenartig, bunt
vastus, -a, -um	weit, wüst, öde
vehemens, -ntis	heftig, nachdrücklich
vel	oder
velut	wie, zum Beispiel
ventus, -i, *m.*	Wind
ver, veris, *n.*	Frühling
verberare	schlagen
verbum, -i, *n.*	Wort
verus, -a, -um	wahr
vester, -tra, -trum	unser
vestra, -orum, *n.*	das Unsere, unser Besitz
vestri, -orum	die Unseren (unsere Leute)
vestrum, -i, *n.*	das Unsere, unser Besitz
vetus, -eris	alt
vexare	quälen
via, -ae, *f.*	Weg, Straße
vicinus, -i, *m.*	benachbart, Nachbar
victoria, -ae, *f.*	Sieg
vicus, -i, *m.*	Dorf
videre	sehen
vi et armis	mit Waffengewalt
viginti	zwanzig
villa, -ae, *f.*	Villa
vinum, -i, *m.*	Wein
vir, -i, *m.*	Mann
virgo, -inis, *f.*	Mädchen
virtus, -utis, *f.*	Tüchtigkeit, Tugend, Tapferkeit, Leistung
vis, *f.* vim *(Akk.)* vi *(Abl.)*	Kraft, Gewalt, Menge
vires, -ium, *f.*	Kräfte, Streitkräfte
visitare	besuchen
vitare	vermeiden
vituperare	tadeln
vobis	euch *(wem?)*
vobiscum	mit euch
vocare	rufen
volare	fliegen, eilen
vos	euch *(wen?)*
vox, vocis, *f.*	Stimme
vulnerare	verwunden
vultus, -us, *m.*	Miene, Gesichtsausdruck

Bildnachweis

Umschlagbild: Hadrian-Tempel in Ephesos, D. Möhn, München (aus Jochen Martin: Das Alte Rom. Geschichte und Kultur des Imperium Romanum. 1994 C. Bertelsmann Verlag, S. 229)

Dr. Charis Fischer, Augsburg: *1, 49, 65, 138, 163;* Rheinisches Landesmuseum, Trier: *6, 121;* Vindonissa-Museum Brugg (G. Kammerhuber): *9;* akg images: *17, 155;* Vatikanische Museen: *24;* Prof. Herbert A. Stützer, München (aus: Du Mont. Das antike Rom. Die Stadt der sieben Hügel: Plätze, Monumente, Kunstwerke. Geschichte und Leben im alten Rom. © 1979 DuMont Buchverlag, Köln, [7]1987, S. 32, Abb. 25): *25;* Kapitolinische Museen, Rom: *28;* Archäologische Staatssammlung München: *30* (T. Mittermüller), *80, 149, 157* (alle Manfred Eberlein), *62, 73, 124* (alle Michael Berger), *86* (H. Huber); Museo Archeologico Nazionale di Aquileia: *32, 52, 116, 140;* Kristina Hellwig, Remscheid: *37, 93, 101, 169;* Musée des Antiquités Nationales, Saint-Germain-en-Laye: *39;* Michael Holtkamp *41 f., 154;* Landesmuseum Mainz: *45, 176;* su concessione del Ministero per i Beni e le Attività Culturali: *76;* Louvre, Paris: *81;* Wilkin Spitta, Loham / Mariaposching: *94;* mit freundlicher Genehmigung entnommen aus: Herbert. A. Stützer, Das antike Rom. Die Stadt der sieben Hügel: Plätze, Monumente, Kunstwerke, Geschichte und Leben im alten Rom / DuMont Kunst-Reiseführer), DuMont Buchverlag: Köln [7]1987: *109;* Erwin Böhm, Mainz: *119;* Prof. Herbert A. Stützer, München (aus: DuMont. Das antike Rom. Die Stadt der sieben Hügel: Plätze, Monumente, Kunstwerke. Geschichte und Leben im alten Rom. © 1979 DuMont Buchverlag, Köln, [7]1987, Abb. 101): *129;* su concessione del Ministero per i Beni e le Attività Culturali. Sopraintendenza per i beni Archeologici delle province di Napoli e Caserta: *131;* © Scala: *133;* Foto Löbl-Schreyer, Bad-Tölz Ellbach: *145 o.;* Bayerisches Landesamt für Denkmalpflege, Fotograf Dr. E. Keller: *145 u.;* Christine Fischer, München: *148;* Anton H. Konrad Verlag, Weißenhorn: *150;* Prof. German Hafner, Mainz: *159;* Alinari, Florenz: *183;* Deutsches Archäologisches Institut, Rom: *188;* aus: Jochen Martin: Das Alte Rom. Geschichte und Kultur des Imperium Romanum. 1994 C. Bertelsmann Verlag, S. 252 o.: *191;* aus: Du Mont. Das antike Rom. Die Stadt der sieben Hügel: Plätze, Monumente, Kunstwerke. Geschichte und Leben im alten Rom. © 1979 DuMont Buchverlag, Köln, [7]1987, Farbtafel 1: *194;* Lotos Film, Kaufbeuren (E. Thiem): *203, 228, 235;* Museo Civica Brescia (aus: Jochen Martin: Das Alte Rom. Geschichte und Kultur des Imperium Romanum. 1994 C. Bertelsmann Verlag, S. 61): *210;* Günter Heil, Berlin: *218;* Electa, Mailand: *225*

Wir danken allen Rechteinhabern für die Abdruckerlaubnis.
Der Verlag war bemüht, die Urheber der abgedruckten Bilder ausfindig zu machen.
Wo dies nicht gelungen ist, bitten wir diese, sich ggf. an den Verlag zu wenden.

Ihre Meinung ist uns wichtig!

Ihre Anregungen sind uns immer willkommen. Bitte informieren Sie uns mit diesem Schein über Ihre Verbesserungsvorschläge!

Titel-Nr.	Seite	Vorschlag

Bitte hier abtrennen

Zutreffendes bitte ankreuzen!

Die Absenderin/der Absender ist:

- ☐ Lehrer/in in den Klassenstufen: ______
- ☐ Fachbetreuer/in
  Fächer: ______
- ☐ Seminarlehrer/in
  Fächer: ______
- ☐ Regierungsfachberater/in
  Fächer: ______
- ☐ Oberstufenbetreuer/in
- ☐ Schulleiter/in
- ☐ Referendar/in, Termin 2. Staatsexamen: ______
- ☐ Leiter/in Lehrerbibliothek
- ☐ Leiter/in Schülerbibliothek
- ☐ Sekretariat
- ☐ Eltern
- ☐ Schüler/in, Klasse: ______
- ☐ Sonstiges: ______

Unterrichtsfächer: **(Bei Lehrkräften!)**

______

STARK Verlag
Postfach 1852
85318 Freising

14-V1M

Bitte ausfüllen und im frankierten Umschlag an uns einsenden. Für Fensterkuverts geeignet.

Kennen Sie Ihre Kundennummer?
Bitte hier eintragen.

Absender (Bitte in Druckbuchstaben!)

Name/Vorname

Straße/Nr.

PLZ/Ort

Telefon privat

Geburtsjahr

E-Mail-Adresse

Schule/Schulstempel **(Bitte immer angeben!)**

Bitte hier abtrennen

(Bitte blättern Sie um)

Englisch

Englisch 5. Klasse	Best.-Nr. 90505
Englisch 6. Klasse	Best.-Nr. 90506
Englisch 7. Klasse	Best.-Nr. 90507
Englisch 8. Klasse	Best.-Nr. 90508
Englisch 9. Klasse	Best.-Nr. 90509
Englisch 10. Klasse	Best.-Nr. 90510
Englisch 10. Klasse Besondere Leistungsfeststellung Thüringen	Best.-Nr. 165461
Englisch – Übertritt in die Oberstufe	Best.-Nr. 82453
Kompakt-Wissen Kurzgrammatik	Best.-Nr. 90461

Englisch Textproduktion

Textproduktion 9./10. Klasse	Best.-Nr. 90541

Englisch Leseverstehen

Leseverstehen 5. Klasse	Best.-Nr. 90526
Leseverstehen 6. Klasse	Best.-Nr. 90525
Leseverstehen 8. Klasse	Best.-Nr. 90522
Leseverstehen 10. Klasse	Best.-Nr. 90521

Englisch Rechtschreibung

Rechtschreibung und Diktat 5. Klasse mit 3 CDs	Best.-Nr. 90531
Rechtschreibung und Diktat 6. Klasse mit CD	Best.-Nr. 90532
Englische Rechtschreibung 9./10. Klasse	Best.-Nr. 80453

Englisch Übersetzung

Translation Practice 1 / ab 9. Klasse	Best.-Nr. 80451
Translation Practice 2 / ab 10. Klasse	Best.-Nr. 80452

Englisch Hörverstehen

Hörverstehen 5. Klasse mit CD	Best.-Nr. 90512
Hörverstehen 6. Klasse mit CD	Best.-Nr. 90511
Hörverstehen 7. Klasse mit CD	Best.-Nr. 90513
Hörverstehen 9. Klasse mit CD	Best.-Nr. 90515
Hörverstehen 10. Klasse mit CD	Best.-Nr. 80457
Hörverstehen 10. Klasse mit CD Zentrale Klassenarbeit Baden-Württemberg	Best.-Nr. 80456

Englisch Wortschatzübung

Wortschatzübung 5. Klasse mit CD	Best.-Nr. 90518
Wortschatzübung 6. Klasse mit CD	Best.-Nr. 90519
Wortschatzübung Mittelstufe	Best.-Nr. 90520

Biologie

Biologie 10. Klasse Besondere Leistungsfeststellung Thüringen	Best.-Nr. 165701

Chemie

Chemie 10. Klasse Besondere Leistungsfeststellung Thüringen	Best.-Nr. 165731

Ratgeber für Schüler

Richtig Lernen Tipps und Lernstrategien – Unterstufe	Best.-Nr. 10481
Richtig Lernen Tipps und Lernstrategien – Mittelstufe	Best.-Nr. 10482

Natürlich führen wir noch mehr Buchtitel für alle Schularten. Wir informieren Sie gerne!

Telefon: 08161/179-0
Telefax: 08161/179-51
Internet: www.stark-verlag.de
E-Mail: info@stark-verlag.de

14-V1M

Bestellungen bitte direkt an:
STARK Verlagsgesellschaft mbH & Co. KG · Postfach 1852 · 85318 Freising

STARK